# La Conciencia Cósmica

## Inteligencia Infinita
## Gautam Sharma

## (Dedicado a los lectores valorados)

**derechos de autor**

Tabla de Contenidos

# INTRODUCCIÓN

La conciencia cósmica es el núcleo de la naturaleza, la esencia de todo y el fundamento básico del Universo. Es la que todo lo penetra extensión omnipresente inmortal, de la energía que conecta toda la mente y la materia, todo lo que ha sido o existsor existirá en el futuro. Percepción .Human tiene termedCosmic Consciousnessin diversas maneras como Espíritu, Creador orDivinity. La conciencia cósmica se define para nuestra comprensión de lo que sea la terminología y forma que la mente humana puede analizar y evocar de. Dicho de otra manera, la Inteligencia Infinita sostiene todo el campo unificado conecta toda la mente y la materia Todo es energía y está interconectado. La conciencia cósmica sigue siendo de esta manera como el núcleo de la naturaleza, que sostiene toda la mente y importan los esencia de todo y el fundamento del universo Una meta humana vida útil y gratificante sería alinear nuestro ser superior con conciencia-cósmica un objetivo importante para alcanzar la iluminación del más alto nivel de la evolución humana. Nuestros cerebros están compuestos por millones de células esféricas transmisor. Estas células

transmiten continuamente campo electromagnético de la energía que fluye en el espacio muti-dimensional y permea a través del espacio para establecer el momento de llegar a la matriz de pensamientos, creencias y emociones, la creación de nuestras acciones que continuamente provocan experiencias en nuestras vidas. La energía flowof continua combina juntos juntos para crear poderosas fuerzas de pensamiento. Esta es la forma en la conciencia individual en el cerebro humano que se denomina en las células nerviosas de la ciencia médica, la formación de la materia gris del cerebro, estas diminutas esferas ocupan la fuerza de pensamiento que impregna todo el espacio en las ondas sin fin, eternamente activas. Esta fuerza que denominamos atómica; las células se componen de unidades de energía, cuyos movimientos vibratorios bajo la acción del resultado universal de la fuerza del pensamiento en los fenómenos de pensamiento, la cognición, la comprensión, etc. Entendiendo esto, nadie debe continuar sintiendo su sorpresa por las emociones que cuidan y los impulsos de una ser humano en un estado sin desarrollar, ya que sólo por la voluntad desarrollada se puede dirigir los movimientos de esta fuerza.

La conciencia es la conciencia de que todo en nuestro mundo, galaxia y otras galaxias existe por una razón y siempre que haya conciencia hay un propósito específico para ello. con cada uno de ellos. Todo tiene energía y todo tiene conciencia porque la energía y el conocimiento de la energía son estados naturales del ser. Cada vez más consciente se hace cada vez más conscientes de que todas las cosas están relacionadas entre sí, que incluso IncludeAll energías más allá de los reinos de nuestras percepciones .Expansion de la conciencia está relacionada con la exploración de los niveles de conciencia de sí mismo y el de todas las cosas en el mundo.

A partir de las palabras que decimos y las acciones que tomamos, a la comida, números, rocas, animales, lugares geográficos, y todo lo demás nosotros (una categoría bastante grande) alrededor, todas las energías tienen conciencia

Cada vez que usted piensa de sí mismo como una persona que es pequeño e insignificante en comparación con la inmensidad sin fin y la complejidad del universo planetario, pararse de pensamiento negativo y en lugar de pensar muy, muy grande sobre su propia presencia recordando a sí mismo que tiene más de 100 billones las células (que ascienden a 10 a la potencia de 80 número de átomos) que componen su mente y cuerpo y se recuerda de la inmensa complejidad y magnificencia de la naturaleza con la que se configuran tantos átomos en su interior para compensar el asombroso mecanismo complejo que su cuerpo y la mente están (células estructuradas juntos para constituir tejidos y huesos y colectivamente construyen en marcha órganos que hacen que sus sistemas corporales y todos los órganos que funcionan en armonía como el cuerpo utilitaria meticulosa y la combinación de cuenta que posiblemente puede resolver y crear algunas de las más grande maravillas hechas por el hombre de la ciencia, la tecnología, la medicina, la filosofía, la psicología, la espiritualidad, la salud y productos relacionados con el bienestar y servicios. El análisis científico resume que todos están formados por el mismo material de las estrellas (carbono, oxígeno, nitrógeno y hierro que son los elementos básicos que componen nuestros cuerpos y estos son los mismos elementos básicos compensar los planetas, estrellas y galaxias también . a pesar de nuestro ser verdaderas maravillas de la naturaleza dentro, la mayoría de nosotros restringir nuestro pensamiento personal a través de sentirse pequeño e inadecuado, con la creencia errónea de que no tenemos ninguna relación o correlación con el universo planetario .Sin embargo esta perspectiva es en gran parte un auto limitar el mito y el pensamiento restrictivo y ha sido cuestionado y corregido por el científico probado, punto de vista opuesto que la base de toda la vida es un sombrero de andt hay unidad en toda Universo enrejado por el campo unificador que es inmortal, sin fin, toda la conciencia omnipresente en todas las cosas que existstarting de las células microscópicas a las vastas dimensiones intergalácticas).

Conla campo unificado de conciencia es la conexión entre su universo interior y el cosmos. Algunos físicos cuánticos modernos así publicados-y biólogos moleculares han teorizado que están inmersos dentro del mismo campo de energía (celosía de la inteligencia) como son los planetas en el sistema solar, nuestra galaxia e incluso otras galaxias más allá). Más que eso, estos expertos han planteado la hipótesis de que incrustado dentro de sus células es la misma inteligencia que opera el campo unificado que abarca todo, una vez que se llega a enfrentarse con estos hechos, se dará cuenta de que puede afectar el campo de la conciencia de sus niveles micro ( que tienen el poder suficiente para utilizar con eficacia your100 billones de células de impactar su mundo que vive y puede influir en muchos otros cuyas vidas se toca). Somos todos los dones del universo sino como sorprendente que pueda parecer, la forma en que vivimos nuestras vidas podemos ser nuestro regalo para el universo. Así que aquí es la base de la profunda "Universo dentro de todos" teoría: nuestra vida puede crear un impacto en el mundo. Este libro te hará pensar y es de esperar que se da cuenta de que tiene características únicas, talentos, habilidades, inclinaciones y experiencias- lo suficiente como para hacer una diferencia especial en la vida de otros. El llamado de su vida debería ser idealmente para activar su grandeza para hacer una diferencia beneficiosa en el mundo y para ese esfuerzo extra youmay conseguir la realización dónde y cómo se puede hacer diferencias perceptibles por seguir adelante con el enfoque y la persistencia. Primero y ante todo, prepararse mediante la adaptación a su ser superior que es la conexión con la inteligencia infinita) La práctica de la meditación regular y la introspección le ayudará a buscar inspiraciones de dentro a darse cuenta de sus bienes, talentos, habilidades y evaluar algunas de las causas de la bien de todos para todos .El siguiente paso es seguir el viejo axioma de"haz lo que amas y amas lo que haces". Así que empieza con la movilización de todos sus propios recursos y la confianza en las cosas que está bien y empezar a trabajar para lograr sus objetivos por una buena causa. Seguimiento con actividades que te gusta hacer y han querido hacer, pero no lo ha conseguido hasta tan lejos. Con un esfuerzo constante se dará cuenta que repetir sus buenas acciones comenzará a tomar efecto y ayudar a la causa que había propuesto hacer. Este libro te hará pensar en el hecho de que todos hemos nacido para hacer un impacto en este mundo. ¿Era tan sólo porque había una posible Big Bang, tenían el cosmos simplemente caen en su lugar como una plantilla colosal vio rompecabezas y el proceso de inicio de la vida de ese evento en las salas? (Casi como el Big Bang es el registro de arranque de elementos simples de ser transformado en elementos complejos y la creación de la vida en nuestro planeta, nuestra galaxia y en otras galaxias? O, como algunos científicos modernos están teorizando que era el microcosmos que t construye el cosmos en lugar de la gran explosión es la causa de toda la materia existente y la vida que se concretó? (más en la línea de plantas respirando oxígeno que sustenta insectos, animales, la vida humana y vigorizado otras interacciones químicas y biológicas para construir microcosmos hacia arriba para el Cosmos ? la teoría del universo creando todos nosotros también ha sido cuestionada por el concepto de que la fuente de todo siempre estaba ahí - el infinito, la conciencia inmortal, siendo eterna no hubo períodos de tiempo definidos de la presencia o ausencia de formas de vida consciencia. siendo una presencia inmortal siempre ha existido y se ha manifestado y se regenera nuestra vida y todo lo que existe como lo manifiesta todo lo que existe en Phys formas biológicas ical, químicas y.

Dentro de nosotros es todo un universo de posibilidades. Thunifiedfield es la inmensidad de la energía básica común del cosmos, un espacio sin fin de todos los rasgos de la unidad, el equilibrio, la armonía y la evolución. Este campo unificado se mantiene como la matriz o de la tela del espacio-tiempo y como la esencia de todo el espíritu Como descubrió por Platón cerca de 2.500 años atrás y probada como la nueva versión de la realidad científica recientemente la conciencia y la materia-son ambos esencialmente enredado e interconectados a lo largo del magnífico universo y dentro de cada uno de nosotros manteniendo así la continuidad. Se ha observado empíricamente y grabada que existen infinitas posibilidades y circulan libremente en el campo unificado. A nivel de los átomos y las células, estamos en constante evolución, oscilante y en crecimiento y el estado ideal de ser es evolucionando y creciendo a lo largo de canales beneficiosos, positivos. La inteligencia y la comprensión infinita impregna todo. Para conectar con dichos recursos infinitos, destetar a su alcance dentro de los (a través de probada eficacia, los métodos adoptados ampliamente de la meditación) en lugar de mirar hacia fuera para las estrellas fugaces en la noche para hacer que los deseos y la esperanza de que tales deseos se hagan realidad.

La fuerza subyacente básica del universo es el campo de energía inteligente de la universal, la unidad, la armonía, el equilibrio, el amor, la vida, el crecimiento y la evolución ,, que abarca los campos electromagnéticos, las fuerzas débiles y fuertes en la cuántica, así como los niveles cósmicos, y todas las otras fuerzas de la naturaleza, incluyendo el tiempo y el espacio, son principalmente dimensiones de la realidad del amor, son también condiciones de estado. La principal propiedad de este campo de amor es su propensión a unirse, completa y cumplir con todos los seres vivos dentro de un plan de amor en constante evolución. Este campo del amor es la constante absoluta del universo en el que dentro de ella, el tiempo y el espacio no existen. Por lo tanto, estamos al instante se unió con el pasado, presente y futuro de un universo que está en el proceso de unir, completar y cumpliéndose.

La inteligencia de los participantes es el componente clave para experimentar el unificado campo la más perceptivo del individuo, mayores serán los beneficios de la conciencia (el estado de la implicación absoluta con el ser superior, cuanto más cerca de la conciencia espíritu alegre) define este contexto consciente, nuestra más profunda experiencia sensorial es la entrega total a lo más profundo dentro de nosotros mismos, es decir, la entrega al amor y un estado alegre de la conciencia espíritu - que es la conciencia de un plan de amor en evolución y ser responsable de la propia gama completa de actividades de toda la vida. El Unified Archivado en términos espirituales es el estado de conciencia del espíritu. Todos nosotros tenemos tres niveles de conciencia: a partir de la más baja, que es el ego (el de mi, mí mismo, mis necesidades y ser de mente estrecha). Por encima de ese es el nivel del espíritu (el estado permanente de la existencia que va más allá de los límites de la mera existencia humana y busca objetivos de autorrealización como "¿cuál es el verdadero propósito de la existencia humana? ¿Cómo puede mi vida sean útiles para otras?) . El nivel superior es el ser superior (la zona de la iluminación, que tiene como objetivo conectar con el Espíritu, buscar el significado y el propósito del Creador Supremo. Ese estado que limita o impide que nuestra conexión con el campo unificado es nuestro estado más inferior, la conciencia del ego.

amado por sí mismo y siendo aparentemente separados de nuestro estado original de conciencia espíritu y, por tanto, countrified es tan básico y esencial para el sombrero de la naturaleza, en la primera infancia, los patrones están integrados en partes del olvido de nuestra conexión a campo abierto y el amor y la alegría y una estado de conciencia espíritu incrustada profundamente en nuestro ser.

Uno puede definir ego como una carcasa exterior que a lo largo destinado a ser desechado el campo unificado puede ser visualizado como una rejilla de gran luminiscencia de unirse a todos los seres vivos dentro de su campo de energía electromagnética de amor. filósofos y científicos, a lo largo de los siglos han descrito como la inmensidad primaria y esencial o el océano de: el fundamento de toda la vida continua, amor, alegría y bea UTY que vive dentro de todos nosotros.

Dentro de nosotros, por tanto, es todo un universo de posibilidades. El Campo Unificado es la inmensidad de la energía básica común del cosmos, un espacio sin fin de todos los rasgos, de la unidad, la alegría, la armonía, la paz y la benevolencia del campo unificado es la matriz o de la tela del espacio-tiempo es la esencia de la totalidad espíritu. No hay diferencia entre la conciencia y la materia. Como se descubrió por Plutón 2.500 años atrás y probada como la nueva versión de la realidad hace poco la conciencia y la materia-ambos son esencialmente entrelazada y conectada y tiene la tendencia a unificar toda la materia existente y magnífica química y universo biológico dentro de cada uno de nosotros y nos conectan con todo el universo planetario. Existen infinitas posibilidades y circulan libremente en el campo unificado. A nivel de los átomos y las células, estamos en constante evolución, girando y creciendo y el estado ideal de ser es evolucionando y creciendo a lo largo de canales positivos. La inteligencia y la comprensión infinita impregna todo. Para conectar con dichos recursos infinitos, tenemos que llegar en vez de mirar nuestra de estrellas fugaces en la noche para hacer que los deseos y la esperanza de que tales deseos se hagan realidad.

La fuerza subyacente básica del universo es un campo de energía espiritual de amor universal, dentro de la cual los campos gravitacionales y electromagnéticos, las fuerzas fuertes y débiles en el átomo, y todas las otras fuerzas de la naturaleza, incluyendo el tiempo y el espacio, no son más que las condiciones de estado. Dentro de este ámbito espiritual de amor, tales son también condiciones de estado. La principal propiedad de este campo de amor es su propensión a unirse, completa y cumplir con todos los seres vivos dentro de un plan de amor en constante evolución. Este campo del amor es la constante absoluta del universo en el que dentro de ella, el tiempo y el espacio no existen. Por lo tanto, estamos al instante se unió con el pasado, presente y futuro de un universo que está en el proceso de unir, completar y cumpliéndose.

La conciencia de los participantes en el factor determinante en la capacidad de percibir el campo unificado, y la profundidad de la experiencia sensorial de uno es lo que determina esta conciencia. En ese sentido, nuestra más profunda experiencia sensorial es la entrega total a lo más profundo dentro de nosotros mismos, es decir, la entrega al amor ya un estado alegre de la conciencia espíritu - que es la conciencia de un plan de amor en evolución y la toma de responsabilidad por función propia dentro de ese plan. Por lo tanto, el campo unificado es un estado de conciencia espíritu. Ese estado que limita o impide que nuestra percepción del campo unificado es la conciencia del ego.

Parecería que el dolor de no sentirse amado por sí mismo y siendo aparentemente separado de nuestro estado original de conciencia espíritu y el Campo Unificado es de tales proporciones espirituales profundas que, en la primera infancia, los procesos se desencadenan en el hipotálamo que dan lugar a una izquierda desequilibrio cerebral y el dominio, así como la negación, la desconfianza y el olvido de nuestra conexión con el campo unificado y el amor y la alegría y un estado de conciencia más profundo espíritu dentro de nosotros. que la conciencia del ego y el ego nace - sólo para fines de supervivencia y protección. Una definición de la muerte o la idea de la muerte, es una ilusión medida por los límites de nuestra conciencia.

Piense en el ego como una cáscara protectora que se supone con el tiempo a ser desechados. El campo unificado puede ser percibido como una celosía de gran luminiscencia que conecta todas las entidades vivientes. dentro de su campo de energía del amor. Santos, los estudiosos, los científicos están de acuerdo en la definición de este campo o celosía que todo lo abarca "La continuidad de todo lo abarca la alegría, el amor, la bondad y la compasión que existe dentro de la humanidad.

Dentro de nosotros es todo un universo de posibilidades. El Campo Unificado es la inmensidad de la energía común básico del cosmos, un espacio sin fin de todos los rasgos, de la unidad, alegría, y la magnificencia del campo unificado es la matriz o tejido del espacio-tiempo es la esencia del espíritu permanente. Hay tanta similitud entre la conciencia y la inteligencia eso. Como se descubrió por Platón 2.500 años atrás y probada por la investigación moderna recientemente que la conciencia y la inteligencia son ambos esencialmente entrelazada y conectada. con unas dimensiones similares de espacio y tiempo y tienen la tendencia a unificar la infraestructura biológica notable química y dentro de cada uno de nosotros y nos conectan con el universo entero planetario. es lógicamente exacto concluir que existen posibilidades infinitas y libremente circular w entro del campo unificado. A nivel de los átomos y las células, estamos en constante evolución, oscilante y en crecimiento y el estado ideal de ser es evolucionando y creciendo a lo largo de canales positivos en armonía con la naturaleza. La inteligencia y la comprensión infinita impregna todo y es omnipresente. Para conectar con dichos recursos inmortales e infinitas que tiene que llegar dentro y pedir con claras intenciones de lo que desea en lugar de mirar hacia el exterior en el cielo nocturno sobre un deseo a una estrella fugaz.

La fuerza subyacente básica del universo es un campo de energía espiritual de amor universal, dentro de la cual los campos gravitacionales y electromagnéticos, las fuerzas fuertes y débiles en el átomo, y todas las otras fuerzas de la naturaleza, incluyendo el tiempo y el espacio, no son más que las condiciones de estado. Dentro de este ámbito espiritual de amor, y la propiedad principal de este campo de amor es su propensión a unirse, completa y cumplir con todos los seres vivos dentro de un plan de amor en constante evolución. Este campo del amor es la constante absoluta del universo en el que dentro de ella, el tiempo y el espacio no existen. Por lo tanto, estamos al instante se unió con el pasado, presente y futuro de un universo que está en el proceso de unir, completar y cumpliéndose.

La conciencia de que el participante es el factor determinante en la capacidad de percibir el campo unificado, y la profundidad de la experiencia sensorial de uno es lo que determina esta conciencia. En ese sentido, nuestra más profunda experiencia sensorial es la entrega total a lo más profundo dentro de nosotros mismos, es decir, la entrega al amor ya un estado alegre de la conciencia espíritu - que es la conciencia de un plan de amor en evolución y la toma de responsabilidad por función propia dentro de ese plan. Por lo tanto, el campo unificado es un estado de conciencia espíritu. Ese estado que limita o impide que nuestra percepción del campo unificado es la conciencia del ego.

Parecería que el dolor de no sentirse amado por sí mismo y siendo aparentemente separado de nuestro estado original de conciencia espíritu y el Campo Unificado es de tales proporciones espirituales profundas que, en la primera infancia, los procesos se desencadenan en el hipotálamo que dan lugar a una izquierda desequilibrio cerebral y el dominio, así como la negación, la desconfianza y el olvido de nuestra conexión con el campo unificado y el amor y la alegría y un estado de conciencia más profundo espíritu dentro trepador azul del nacimiento del ego y la conciencia del ego - sólo para fines de supervivencia y protección. es una ilusión medida por los límites de nuestra conciencia.

El ego, siendo el estado más bajo de la conciencia humana es el estado de auto-centrado, sobre todo por mí, yo y mi needsand se puede comparar con un embalaje transitoria que está destinado a ser retirado y desechado con el tiempo. En la secuencia de la progresión, podemos experimentar el nivel del alma que es auto-actualización sobre el propósito de la vida, de hacer que nuestras vidas tienen un impacto en el mundo e incluso regenerar a una vida más allá de la actual, tener acceso a algunos llegar a evolucionar hacia arriba nuestro mayor selves- los que llegan a ser denominado como los maestros espirituales soulsor iluminado. La siguiente etapa anterior es el alma, que es el ego de ser el estado más bajo de la conciencia tiene laLa campo unificado puede ser visualizado como una rejilla de gran luminosidad unirse a todos los seres vivos dentro de su campo de energía del amor. benovalence, el crecimiento y la unidad. Expertos, científicos, filósofos y el clero lo describen como la unidad universal. Parecería apropiado para describir este campo abarca todo o cuadrícula como thefabric de inmortal, el mantenimiento de amor, alegría y coompassion que vive dentro de todos nosotros.

Dentro de nosotros es todo un universo de posibilidades y de la abundancia y de amplio alcance surgen posibilidades fuera del océano sin límites de la inteligencia pura, infinita. Los investigadores tienen evidencia empírica a la conclusión de que el campo unificador es la inmensidad de la energía esencial común del cosmos, un espacio sin fin de todas las características de la vida, la regeneración, el sustento y el crecimiento "se limitó a indicar que es la matriz y la red de espacio y tiempo en un espacio dimensionsal infinita. Es la esencia de la entireSpirit. No hay diferencia entre la conciencia y la materia. Como se descubrió por Plutón 2.500 años atrás y probada como la nueva versión de la realidad hace poco la conciencia y la materia-ambos están esencialmente entrelazada y conectada. el que no tiene las dimensiones de espacio y tiempo, pero tiene la tendencia a unificar magnífica química y biológica universo dentro de cada uno de nosotros y nos conectan con el universo entero planetario. Existen infinitas posibilidades y circulan libremente en el campo unificado. A nivel de los átomos y las células, estamos en constante evolución, reverberando y creciendo y el estado ideal de ser es evolucionando y creciendo a lo largo de canales positivos. La inteligencia y la comprensión infinita impregna todo. Para conectar con dichos recursos infinitos, tenemos que llegar en vez de mirar nuestra de estrellas fugaces en la noche para hacer que los deseos y la esperanza de que tales deseos se hagan realidad. La fuerza subyacente básica del universo es un campo de energía del amor universal, en el que los campos gravitacionales y electromagnéticos, abarcan las fuerzas fuertes y débiles en el átomo, y todas las otras fuerzas de la naturaleza, incluyendo el tiempo y el espacio, no son más que las condiciones de estado. Dentro de este ámbito espiritual de amor, como precognición y experiencias cercanas a la muerte son también las condiciones de estado. La principal propiedad de este campo de amor es su propensión a unirse, completa y cumplir con todos los seres vivos dentro de un plan de amor en constante evolución. Este campo del amor es la constante absoluta del universo en el que dentro de ella, el tiempo y el espacio no existen. Por lo tanto, estamos al instante se unió con el pasado, presente y futuro de un universo que está en el proceso de unir, completar y cumpliéndose.

La conciencia de que el participante es el factor determinante en la capacidad de percibir el campo unificado, y la profundidad de la experiencia sensorial de uno es lo que determina esta conciencia. En ese sentido, nuestra más profunda experiencia sensorial es la entrega total a lo más profundo dentro de nosotros mismos, es decir, la entrega al amor ya un estado alegre de la conciencia espíritu - que es la conciencia de un plan de amor en evolución y la toma de responsabilidad por función propia dentro de ese plan. Por lo tanto, el campo unificado es un estado de conciencia espíritu. Ese estado que limita o impide que nuestra percepción del campo unificado es la conciencia del ego.

Parecería que el dolor de no sentirse amado por sí mismo y siendo aparentemente separado de nuestro estado original de conciencia espíritu y el Campo Unificado es de tales proporciones espirituales profundas que, en la primera infancia, los procesos se desencadenan en el resultado brainwhich izquierda en el lado izquierdo del cerebro -right desequilibrio cerebral y el dominio, así como la denialdisconnect y distorsión de nuestra conexión con el campo unificado y el amor y la alegría y un estado de conciencia más profundo espíritu dentro del trepador conciencia del ego y el ego nace - sólo para fines de supervivencia y protección. Como tal, la muerte o la idea de la muerte, es una ilusión medida por las limitaciones de nuestra conciencia.

Ego puede ser mejor explicado como un embalaje transitoria que finalmente destinado a ser derramada. El campo unificado puede ser visualizado como una rejilla de gran luminosidad unirse a todos los seres vivos dentro de su campo de energía de la materia, la mente sustento, crecimiento. adecuada en la descripción de este campo abarca todo o cuadrícula: ". Todos los currencyof sostener el amor, la alegría y la belleza que vive dentro de todos nosotros

dentro de nosotros es todo un universo de posibilidades El Campo Unificado es la inmensidad de la energía básica común de la. cosmos, un espacio sin fin de todos los rasgos, de la unidad, alegría, positivista y la neutralidad. el campo unificado es la matriz o de la tela del espacio-tiempo es la esencia de todo el espíritu. no hay diferencia entre la conciencia y la materia. Como descubierto por Platón cerca de 2.500 años atrás y probadas como la nueva versión de la realidad hace poco la conciencia y la materia- ambos están esencialmente entrelazados y conectados. que no tiene las dimensiones de espacio y tiempo, pero tiene la tendencia a unificar magnífica química y universo biológico dentro de cada uno de nosotros y nos conectan con el universo entero planetario. existen infinitas posibilidades y libremente circule dentro del campo unificado. a nivel de los átomos y células, estamos constantemente correo volving, vibrando y en crecimiento y el estado ideal de ser es evolucionando y creciendo a lo largo de canales positivos. La inteligencia y la comprensión infinita impregna todo. Para conectar con dichos recursos infinitos, tenemos que llegar en vez de mirar nuestra de estrellas fugaces en la noche para hacer que los deseos y la esperanza de que tales deseos se hagan realidad.

Tfrom una perspectiva espiritual, la fuerza subyacente básica del universo es un campo de energía espiritual de amor universal, en el que los campos electromagnéticos, se sincronizan con las fuerzas fuertes y débiles en el átomo, y todas las otras fuerzas de la naturaleza, incluyendo el tiempo y el espacio, no son más que las condiciones de estado. Dentro de este ámbito espiritual de amor, sucesos paranormales como la clarividencia, la telepatía, la precognición y las experiencias cercanas a la muerte son también las condiciones de estado. La principal propiedad de este campo de amor es su propensión a unirse, completa y cumplir con todos los seres vivos dentro de un plan de amor en constante evolución. Este campo del amor es la constante absoluta del universo en el que dentro de ella, el tiempo y el espacio no existen. Por lo tanto, estamos al instante se unió con el pasado, presente y futuro de un universo que está en el proceso de unir, completar y cumpliéndose.

La conciencia de que el participante es el factor determinante en la capacidad de percibir el campo unificado, y la profundidad de la experiencia sensorial de uno es lo que determina esta conciencia. En ese sentido, nuestra más profunda experiencia sensorial es la entrega total a lo más profundo dentro de nosotros mismos, es decir, la entrega al amor ya un estado alegre de la conciencia espíritu - que es la conciencia de un plan de amor en evolución y la toma de responsabilidad por función propia dentro de ese plan. Por lo tanto, el campo unificado es un estado de conciencia espíritu. Ese estado que limita o impide que nuestra percepción del campo unificado es la conciencia del ego.

Parecería que el dolor de no sentirse amado por sí mismo y siendo aparentemente separado de nuestro estado original de conciencia espíritu y el Campo Unificado es de tales proporciones espirituales profundas que, en la primera infancia, los procesos se desencadenan en el hipotálamo que dan lugar a una izquierda desequilibrio cerebral y el dominio, así como la negación, la desconfianza y el olvido de nuestra conexión con el campo unificado y el amor y la alegría y un estado de conciencia más profundo espíritu dentro de nosotros. Es a partir de este túnel oscuro del dolor, soledad, desesperación y muerte aparente que la conciencia del ego y el ego nace - sólo para fines de supervivencia y protección. Como tal, la muerte o la idea de la muerte, es una ilusión medida por los límites de nuestra conciencia.

Pensar en el ego como un capullo protector que finalmente destinado a ser derramada. El campo unificado puede ser visualizado como una rejilla de gran luminosidad unirse a todos los seres vivos dentro de su campo de energía del amor. Las palabras de Longfellow que parece apropiada la descripción de este campo abarca todo o cuadrícula:. "El hilo de todo amor el mantenimiento, la alegría y la belleza que vive dentro de todos nosotros

dentro de nosotros es todo un universo de posibilidades El Campo Unificado es la inmensidad. la energía común básico del cosmos, un espacio sin fin de todos los rasgos, de la unidad, la convivencia, la Existencia, el equilibrio y la armonía. el campo unificado es la matriz o de la tela del espacio-tiempo es la esencia de todo el espíritu. no hay la diferenciación entre la conciencia y la materia. como descubierto por Platón approximately2.500 años atrás y probada como la nueva versión de la realidad por los científicos modernos que la conciencia y la materia son ambos esencialmente entrelazados y conectados en el espacio multidimensional y el tiempo y tienen la tendencia a unificar química y características biológicas del universo dentro de cada uno de nosotros y nos conectan con el universo planetario vasto. existen infinitas posibilidades y circulan libremente en el marco de interoperabilidad campo de IED. A nivel de los átomos y células, estamos en constante evolución, oscilatingand evolución y el estado ideal del ser es mantener el equilibrio y la armonía óptima. La inteligencia y la comprensión infinita impregna todo. Para conectar con dichos recursos infinitos, tenemos que llegar en vez de mirar nuestra de estrellas fugaces en la noche para hacer que los deseos y la esperanza de que tales deseos se hagan realidad. La fuerza subyacente básica del universo es un campo de energía espiritual de amor universal, dentro de la cual los campos gravitacionales y electromagnéticos, las fuerzas fuertes y débiles en el átomo, y todas las otras fuerzas de la naturaleza, incluyendo el tiempo y el espacio, no son más que las condiciones de estado. Dentro y cercana a la muerte experiencias son también las condiciones de estado. La principal propiedad de este campo de amor es su propensión a unirse, completa y cumplir con todos los seres vivos dentro de un plan de amor en constante evolución. Este campo de la alegría, el amor y la paz es duradera en todo el universo en el que dentro de ella, el tiempo y el espacio no existen. Thus, we are instantly joined with the past, present and future of a universe which is in the process of uniting, completing and fulfilling itself.

The consciousness of the participant is the underlying element in being able to determine thunified field, and the depth of one's sensory experience is what determines this consciousness. In that regard, our most profound sensory experience is the total surrender to what is deepest within ourselves, that is, the surrender to love and a joyful state of spirit consciousness - which is the awareness of an evolving loving plan and the taking of responsibility for one's function within that plan. The Unified Field is therefore a state of spirit consciousness. That state which limits or denies our perception of the Unified Field is ego consciousness.

It would appear that prospect not receiving love for oneself and being seemingly far away from our original state of spirit consciousness and the Unified Field is of such authentic spiritual dimension that, early in childhood, processes are triggered in tkey parts of the brain which result in a left brain imbalance and dominance as well as the denial, mistrust and disregard toour connection to the Unified Field and the love and joy and a state of spirit consciousness deepest within us. that the ego and ego consciousness is born - for survival and protection purposes only., is an illusion measured by the limits of our consciousness.

This lowest level of our consciousness, the ego tends to keep us self-centered as a protective cocoon that is eventually meant to be shed. The Unified Field can be visualized as lattice of electromagnetism connecting all living beings within its energy field of love. Experts, scientists and philosophers have been unanimous in explaining this as the universal oneness- the be all and end all of existence. -encompassing field or grid: "The thread of all sustaining love, joy and beauty that lives within us all.

The scientific mankind's theory is that the Universe is constructed in such a way to admit our existence. The Universe, as it exists, was designed with the goal of generating and sustaining participants.

Participants are necessary to bring the Universe into being. Scientists have studied and recognized that everything, right from the protons, neutrons, electrons that make up the atoms, molecules right up to the planets and stars exist to fulfill our needs.

The entire universe appears to be designed for us, not just at the minutest scale of the atom, but at the level of the universe itself. We've discovered that the cosmos has lots of characteristics that make it appear as if everything it contains(from quarks, atoms molecules to stars)was tailor-made just for us. because the cosmos is not "too compressed big" or "too extended," but instead "made exactly for life. Everythi ng else is described is due to "the Grand Consciousness" because experts are convinced it's no co-incidence that the cosmos is so ideally suited for us, and many contradictory principles and hypotheses give rise to multiplicity of theories that opens up all manner of arguments for philosophical texts, and other topics that are considered unscientific or mere figment of imagination.

At the moment, there are mainly two explanations for the existence of all we know and everything living that we do not know about. One is to say, "The Supreme Creator created it all " which may be true but may never be scientifically proved. The other is to give credit to the biocentric principle or Misanthropist , several versions of which strongly support each other.

Many renowned physicists have concluded that if the big bang phenomena(if it really happened)had merely been one part in a thousand more powerful, the cosmos would have exploded far out into space-too far and too fast to allow planets and stars to be configured( had there been the slightest of error, the universe, galaxy planets and our world would not exist as it does) . without bringing into reality everything that is a reality today. The precision and configuration of the stellar phenomena was meant to be for the human, animal and biological life to be as it has existed ever since. Even more precision-like were the extra-terrestrial forces and all of their side-effects were configured ,with exact detail, for micro and macro sized interactions, the formation of molecules,elements and cells planets, water and alterations in one or more of these were made in any proportion or dimension there would not be anything terrestrial or extra-terrestrial in any form or manner.

( with chemistry, biology and engineering ( all finely defined)

# CHAPTER ONE

You have a unique set of talents , strengths , experiences, which combined with the opulence and abundance of consciousness provide you with an endless stream of possibilities available to you. In order to discover your full potential. it may be be to your best interest to align yourself with your higher self. Once As long as you are aligned with your higher self, you will be connectied to the boundless universal intelligence and you will receive sustained , reliable and accurate resources to complete all activities which you know you are good at and receive confidence to try out experiences you have hoped to achieve but had not tried out........ receives an are building blocks for matter,energy, friendly values of physics are built into the universe like as critical for life. its present value, fusion would no longer occur in stars. Or consider the physicists put this number up on their wall and worry about it . Immediately you would like to know where this number for a coupling comes from…Nobody knows. It's one : a magic number that comes to us with no understanding by man. You might say the "hand of Divinity" wrote that number, and "we don't know how He pushed his pencil." …we don't know what kind of dance to do on the computer to make this number come out, without putting it in secretly!"

Such reasoning is known as the "balanced" unsociable theory The "greater" version says that the universe must have those properties which allow life to develop within it, because it was obviously `designed' with the goal of generating and sustaining participants But without bio centric principles, the strong mankind's concept has no explanation for detailing why the universe must have ongoing life generating patterns. By extending the logic physics correlated they participants are essential for bringing the universe into its present shape and dimensions,

Conaciousness is the infinite space of intelligence across the universe.

.

### 3.

your own mind. Divinity's Universe, as it is imaged in the Divine Mind, is perfect. We see it as imperfect, because we only receive a finite sense-

consciousness, but careful and thrifty in actual practice. The time will come when their means will largely increase, then, if they are wise, they will live on part of their income, instead of living up to it. This will give them a wide margin for charitable purposes, for the taking up of further opportunities and for extensions.

The secret of supply is, then, to realize that there is unlimited abundance and to live in the consciousness of it, as completely as though no material channels existed, and, at the same time, to work as zealously and be as careful as though there were no such thing as spiritual supply. At the same time we must give the world something that it wants, or otherwise serve in some useful capacity, exercising honesty, probity and justice in

consider it in all its bearings, and then dismiss the subject from his conscious thought, is able to increase his efficiency a hundred per cent., and reduce his mental fatigue almost to vanishing point. Instead of laboriously working out his problems and worrying and scheming over them, he simply dismisses them to his subliminal mind to be dealt with by a master mind which works unceasingly, with great rapidity, extreme accuracy and entirely without effort. It is necessary, however, to give the subliminal every available information, for it possesses no inspiration or super-human wisdom, but works out logically, according to the facts supplied to it.

While it comes natural to a few to use their subliminal mind in the correct way, the majority of people find themselves unable to do so. Such, however, can acquire the art by training. First, it is necessary to learn thought-control, so

We can utilize our higher mind through stress-relieving activities, through ongoing exchange of positive values as love, joy and a regular practice of meditation.

.

The cause of all action is thought. A thought, someone has said, is an action in the process of being born. It is true that we possess primitive desires and impulses, but these can be transmuted into noble actions and high achievement simply by directing the thoughts and attention to higher and better things

.

4.

Modern research defines us individually as human disbelieving and insignificant compared to the vastness and complexity of the universe. All of us go about with our seemingly petty, routine work on a comparatively small planet orbiting a sun. With this perspective the universe is not concerned whether tiny bodies like us exist or not. However such a perspective is questionable by the other very rational point of view that the Universe itself exists because of us and for us and we ourselves individually, in spirit, are as vast and complex as the mighty Universe. Scientists have studied and recognized that everything, right from atoms to the stat particles from the atoms to the planets stars exist to fulfill our needs.

The entire universe appears to be designed for us, not just at the microscope scale of the atom, but at the level of the universe itself. We've discovered that the cosmos has a long list of traits that make it appear as if everything it contains—from atoms

Thoughts have power to draw to ourselves whatever we constantly think about. reality that wWe become what we think about most of the time. Thoughts create habits and over a period of time, our habits bring about all what we have imagined and thought about. A universe of possibilities resides within us. yet they are consciousness. By realizing the truth, and by thinking and living in its light and power, the

conversation, and, unless we guard against it, intelligence is apparently infinite, but it goes where-ever our thoughts direct it. By our thinking, therefore, we either create or destroy, to give up lust, impurity, hate, anger, malice and thoughts and emotions of this kind. Very well, if this is so, they must go on and learn, through suffering, the lesson which they refuse to learn willingly. Others may say: "Yes, I want to control my thoughts, but how can I cease to worry when I have so much about which to worry, and how can I cease to hate when I have been so deeply wronged?" This brings us to an even deeper cause of ill-health than that of mind, viz., the attitude of the heart. Wisdom over the ages has identified that our thoughts gather energy over time and draw to us the corresponding things and situations that we keep thinking about. he." By "heart" is meant the spirit or feeling, desiring part of man. It is here where the conflict between the self-will and the Divine Will, between the desires of the flesh and the longings of the Spirit take place. The real root cause of all unhappiness, disharmony and ill-health is spiritual, and not merely mental or physical. The latter are contributory causes, but the former is the fundamental cause. Spiritual disharmony is, in reality, the cause of all ill-health and disease. Until spiritual harmony is restored, man is a kingdom divided against itself, which, as our Lord said, cannot stand. Healing, then, must be of a spiritual character. Until this harmony exists there can be no overcoming of hate thoughts, fear thoughts or worry thoughts, and until these are overcome there can be no true healing. Our Lord's healing was a gracious healing of the Spirit. It restored inward harmony by forgiving sin, by changing the heart's desires, by bringing the will of the subject into harmony with the Divine Will of the Whole. Our Lord's healing was not

If, therefore, a man's poverty and lack, or financial difficulties are due to weakness of character which manifest in his work and dealings with others, in the form of inefficiency, poor service and bad judgment, it follows that he, himself, must change before his circumstances can be permanently altered for the better. The difficulty in dealing with unsuccessful people is in getting them to realize that they, themselves, are the cause of all their troubles. [10] Until, however, they do realize this, their case is hopeless, and it is impossible to help them, but when they acknowledge that the fault is theirs, they can be shown that there is a remedy for their ills and a way out of their difficulties, by means of self-improvement. Let them then search for hidden weaknesses, and build up those weak places in their character, such as lack of grit, determination, steadfastness, persistence, patience, probity, decision, which are the cause of their troubles, and they will find that their circumstances will gradually change for the better. Everything comes from within—first within, then out, this is the law—therefore the change must always take place within.

circumstances; now let us think, for a moment, about the Mind that is Infinite. The whole universe, which is, of course, infinite in extent, has its origin in the Divine Mind, and is contained within this Infinite Mind, just in the same way that you can hold a mental picture in your own mind. Divinity's Universe, as it is imaged in the Divine Mind, is perfect. We see it as imperfect, because we only receive a finite sense-perception of that which is perfect and infinite, from this forming, in our minds, an image that is necessarily imperfect and finite, which we project outwards, and, not knowing any better, think is real. But the universe, as imaged in the Divine Mind, and as it actually is in reality, is both infinite and perfect: it is also infinitely perfect. There is no poverty or lack in a universe that is infinitely perfect, whole and complete in the Divine Mind. Poverty and lack

We cannot, in a little elementary work of this kind, go more deeply into this extremely fascinating subject. Sufficient if we say here that the only Reality is infinite perfection and wholeness, therefore there cannot be any lack at all (in reality). The obvious lack and poverty that we see around us are the product of the human mind. Those who live in a consciousness of poverty and lack, go through life closely fettered by limitation. They can never escape from poverty, it dogs their footsteps like their shadow. In fact, it is a shadow or reflection, in the outer life, of their state of mind and mental attitude.

is always hope for the drunkard and the harlot, but it is most difficult although, of course, not impossible, for one who is burdened by wealth Some are able to do so, but they are allowed to enter simply because they hold their wealth as of no importance, merely as something of which they are stewards for a season.

The hoarding of wealth is just as unnecessary as poverty. They are both based upon a fundamental error. This error is in thinking that all supply, being material, must necessarily have a material source: that it is limited in quantity, and therefore must be grabbed at and fought over. The truth is, of course, that the source of supply is Spiritual, and therefore

Our Lord showed this to be the case by choosing to be poor (but not in poverty) and by His teaching in the Sermon on the Mount. What Jesus promised was adequate supply, but not wealth or riches, to those who had sufficient faith in their "Heavenly Father." They never become rich, but all their needs are supplied. Something always arrives in time to meet their requirements. Such a life requires a very live and active faith, but its results are as certain as the rising of the sun.

It is necessary to know the utter falseness and unreality of poverty and lack before we can trust in Divine Providence or the working of Spiritual (at the same time, mental) law. It is necessary to know that the universe is Spiritual: that Divinity is Spirit, in whom we live and move and have our being, and that because we are a

Not to spend money that we cannot afford to spend, nor to incur debt, but to live mentally in an atmosphere of abundant supply. We have to remember that the change in consciousness must take place first and become well-established, before its effects can be seen to manifest in the outer life.

The entering of this higher consciousness where we know and realize the truth, viz., that the Source of all our supply is Spirit, and that the Divine Source is limitless, is not easy, although it is less difficult to some than to others. It demands constant mental activity and watchfulness: it requires persistence and perseverance in right thinking, yet it is possible to those who are in earnest. By living in the consciousness of Divinity's Supply and exercising a lively faith, the life becomes affected, principally due to both conscious and unconscious change of action.

appears, on the surface, to be very wasteful and

prodigal, but, actually, she never wastes anything, if it can be avoided. Therefore, the action of the disciples was in accord with universal law. What a lesson for us! To be careful and saving is a mark of superiority both in mind and character. The wastefulness of the helpless poor is notorious. Those who are "well to do" are far more careful and conserving than the very poor. There are exceptions, it is true, but the rule is that a man who cannot save money has not it in him to command success in life. Inability to deny himself certain things shows a weakness of character and lack of purpose which make success impossible. It is always the start that is difficult: if you cannot overcome the preliminary difficulties you have not the steadfast purpose to hold your own in the battle of life. On the other hand, once the initial difficulties have been overcome, it is not difficult to get your barque into the currents of prosperity. When once you realize that there is unlimited abundance in which you can share: when once you learn to live in the consciousness of this abundance, at the same time living within your present income and doing your present work as well as it is possible for it to be done, you have set out on the path to affluence. One who realizes and really believes that there is abundance and plenty for him, puts into operation a powerful law which will surely bring opportunity to him, sooner or later. Many, however, ruin their hopes by not knowing that for a time they must live a kind of double life. They must be opulent in consciousness, but careful and thrifty in actual practice. The time will come when their means will largely increase, then, if they are wise, they will live on part of their income, instead of living up to it. This will give them a wide margin for charitable purposes, for the taking up of further opportunities and for extensions. Many business men have to let golden opportunities pass, simply because they have saved little or nothing, owing to lavish private expenditure, or they have to let other people in to share their schemes who, in addition to taking a large share of the profits may prove a serious handicap and hindrance in other ways.

While in its essence, the Source of Supply is spiritual, it comes to us through material channels, and, in order to have a share in it, it is necessary to earn it. We have to give something in exchange for what we draw from life in the way of supply. We must give in order to receive, and what we give must be something that the world wants or needs.

The secret of supply is, then, to realize that there is unlimited abundance and to live in the consciousness of it, as completely as though no material channels existed, and, at the same time, to work as zealously and be as careful as though there were no such thing as spiritual supply. At the same time we must give the world something that

The subliminal mind is the mind of Nature. It possesses extraordinary powers and intelligence, but no inspiration. It is instinctive: it is animal: it is natural: but there is nothing Divinity-like about it—it is of the earth and the physical plane. It can be described as the inner forces of Nature resident within our body. Having said this we have said nearly all there is to be said about the subliminal, yet this is the mind of which some people have made a veritable Divinity.

The subliminal mind, if led aright, is a very good friend, reducing all repeated thoughts and actions into habit, which, in time, become settled and part of the very life itself. Thus, by conscious right thinking and conscious right action, a good habit is formed, which becomes, in course of time, practically automatic. This, of course, builds up the character, which, in turn, affects the life. It will be seen then, how important is the right use of this willing and faithful servant. It is no Divinity, it has no inspiration, but it is a very useful servant, as we shall see.

Most of our actions or movements are done or made subliminally. The reason that "practice makes perfect" is that the subliminal mind playing. Many players, some better than others, can play the most difficult classical music without consciously recalling it to mind. As soon as they try to remember the whole "piece" leaves them, but as long as they leave the whole matter to the subliminal (where experiences are recorded and archived) they can keep on playing. I and mysubliminalmind are not doing much of the actual writing of this book. We think the thoughts and have something to do with the formation of the sentences, but the subliminal mind writes them down. If I had to think of each word and letter, my task would be hopeless, and I should

The subliminal mind, however, is a very powerful resource and anallyfor it does the bulk of our thinking, and can be taught to do a great deal more. If we had to think everything out laboriously, according to the laws of logic, life would be unbearable. Instead of this our subliminal mind does the bulk or our thinking, and, if we give it a chance, will do it in an extremely accurate manner, strictly according to the laws of logic and without the slightest fatigue. The more that we train the subliminal to do our ordinary thinking for us, the less we suffer from fatigue. Fatigue is unknown to the subliminal mind, therefore we can never tire it or overwork it.

The subliminal mind can be made to do more and more work for us if we will delegate definite work for it to deal with. Instead of laboriously working out his problems and worrying and scheming over them, he simply dismisses them to his subliminal mind to be dealt with by a master mind which works unceasingly, with great rapidity, extreme accuracy and entirely without effort. It is necessary, however, to give the subliminal every available information, for it possesses no inspiration or super-human wisdom, but works out logically, according to the facts supplied to it.

This great, natural, untiring "mind downstairs," as it has been called, is also capable of doing even more useful work still. A writer or speaker, or preacher can collect notes and ideas for his article, book, speech or sermon, and pass them down to his subliminal mind with orders that they be arranged in suitable order, division, sub-division and so on. When he comes either to write or prepare the notes of his speech or sermon, he will find all the work done for him, and all that he has to do is to write it down, entirely without effort or fatigue.

All that he need do is to submit the facts to the "greater mind downstairs," and all the planning will be done for him, entirely without effort, and far more efficiently than he would have done it through laborious conscious thinking.

works it out, and presents it to the conscious mind for judgment.

Yet again, an inventor or one who is constructing

something mechanical, can make use of the subliminal mind in precisely the same way. Let him sum up the whole problem,

positions, and who bear immense burdens without strain, worry or care. Responsibility sits lightly upon them, and they are serene and untroubled when in positions, and when confronted by tasks and difficulties, such as would drive an ordinary individual out of his mind. Such men develop their powers of attention and concentration (anyone who is in earnest can do this) to a very high degree. They are at great pains to get to the root of a problem, and obtain all the available data possible, but, after that, it is their subliminal mind that does all the work, and which arrives at a decision.

While it comes natural to a few to use their subliminal mind in the correct way, the majority of people find themselves unable to do so. Such, however, can acquire the art by training. First, it is necessary to learn thought-control, so as to be able to take up a problem or dismiss it entirely from the mind at will. When a problem is passed on to the subliminal to be worked out, the subject must be dismissed entirely from the conscious mind. The problem must not be worried over, nor the thoughts allowed to dwell upon it; it must be left entirely to the subliminal. Second, every possible detail and information connected with the problem must be grasped by the conscious mind, and the whole matter, pro and con, visualized before being passed to the subliminal. It will be seen, then, that thought-control of a high order is necessary, also powers of attention and concentration. These can all be developed by anyone who is really in earnest.

A good way of starting the use of the subliminal mind is to hold the problem in the mind just as one is going to sleep. There must not, upon any account, be any attempt made to solve the problem or to worry over it. Having done this, dismiss the whole matter to your subliminal mind, and in most cases you will find in the

This, of course, is only one of the many ways in which the subliminal mind can, and does, serve This great invisible force of Nature is for ever working. Whatever ideal is held in the mind becomes woven into the life through the tireless working of the subliminal mind. Only set your attention upon high and lofty achievement, and you will focus all the invisible inward forces of Nature upon its accomplishment. In course of time you will reap as you sow. If you will direct your attention into the right channel, backing it up with energetic, conscious action, your subliminal will help you day and night, thus making success and achievement possible.

We have already seen that the subliminal mind, wonderful though it be, is instinctive merely, lacking inspiration and what we call creativity.

All inspiration comes from the Universal Mind, via the super-conscious.

## CHAPTER TWO

Many creative professionals attribute their inspirations coming from other planets or from outer space. They attribute their creativity and brightest ideas from some source bigger than them, bigger than from earth(assumption being earth bound inspirations can be accessed by every person perhaps limiting everybody's share from a limited source) The ones who have figured it out is that by elevating their own consciousness to a higher level they get connected to the endless resources of Super consciousness and by realizing this they are able to tap into the endless intelligence that exists.

illusion. The real universe is Spiritual and infinite: what we sense is a limited, partial conception of a fragment of it. Our limited, finite conception of the universe is entirely misleading and erroneous, and so long as we rely on sense evidence and the human mind,

One who is able to use this higher mind develops that which has been termed "the divine quality of creativity." If ever a person is to rise above the dead level of mediocrity it must be through direct inspiration from higher planes, through his super-conscious mind. If ever a person is to bring forth a new idea which shall enrich humanity and add to the common good, it must come through the higher mind.

becomes wise through an influx of Divine dross: he is also able to see and recognize the right path in life—a thing utterly impossible to the mind of the senses—and to tread it, thus being led into the only true success and real good of which his life is capable.

The subliminal mind is the motivating force and the powerful engine which propels us to our short-term and long-term goals Messages which are repeated by us or those which we absorb from other people or from our environment rewire and reorganize behavior patterns. Once reactivated, the mind becomes a forceful goal seeking mechanism. Compare it to the modern heat seeking missiles which follow precise coordinates and regardless of wind intensity or unfavorable weather conditions, reach their targets. ultimately hit the target which was predefined seeking mechanism, we into the subliminal level become the algorithm become Whatever we fix our attention upon, or whatever it is that we idealize, our subliminal mind endeavours to actualize and make real in our life. By fighting a habit we direct subliminal attention to it, and this is fatal. If, however, we turn our whole attention to something entirely different and which is higher and better, all the powers of the subliminal are directed towards the production, in the life and body, of the new object of attention.

We see, therefore, that we do not have to overcome habit. If we did our task would be hopeless, for the human will is helpless before the power of the subliminal mind. The subliminal powers can be led by the imagination, but they cannot be coerced by the will. The will must be used not to fight the habit, but in raising and directing the attention to something higher and better. By this means a new habit is formed. The attention of the subliminal mind is taken away from the bad habit, and all its powers directed towards the creation of a new and better one. The subliminal does not care what the habit is. It is indifferent as to whether it is good or bad. It is just as willing to produce a good habit as a bad one. We, each of us, therefore, hold our fate in our own hands. We can, by controlling our thoughts and imagination and by directing our attention to better things, focus all the powers of the subliminal on the building up of good habits, or, on the other hand, we can, by allowing our thoughts and mental pictures to dwell upon undesirable things and our attention to be directed to low or weak ideals, fall into undesirable habits. The power that produces the habits is the same in each case; it is the way in which this power is directed that is the vital and essential thing.

It is very necessary to point out that right thinking and correct use of the imagination must be accompanied by corresponding right action. Many people make use of auto-suggestion and expect it to destroy their bad habits and build up better ones, but it never will, or can do so, unaided. Auto-suggestion is useless if it is not followed by constructive action. Young people should expend their energies in physical culture and games. Older people should interest themselves in hobbies and intellectual pursuits. It is only advanced students who can control their thoughts so that they can govern their life forces by mental It is a case of directing the desires and life forces into different channels, by controlling the thoughts and attention. Here is seen the value of true religion, for it brings fresh ideals into the life and directs the attention to higher and better things. The writer realizes that a change must take place in the heart of the individual before he can desire these better things.

When, however, this change has taken place, the battle has only just begun, for each one has to work out his own salvation.

At first, then, most people will find it necessary to do something in order to attract their attention and guide their thoughts to something quite different from the forbidden subject. Later on, however, when they become more advanced in the science of right thinking, they will be able to direct their thoughts into any desired direction. This necessitates constant vigilance. Each thought has to be carefully scrutinized before being allowed to pass the threshold of the mind. By reversing every negative or unworthy or ignoble thought into its opposite, a change is wrought in the brain and nervous system. The cells formerly used for wrong thinking and for the production of wrong action go out of use as new cells are brought into use for the production of right action.

This stage leads to one higher still, when it becomes a settled habit to reverse bad thoughts into good ones and perform right actions instead of bad or weak ones. The power of the subliminal mind, which at one time seemed so evil, produces right action more or less automatically. When once the habit of cleaning the teeth is established there is experienced an uncomfortable feeling until they have been attended wash himself t he will feel uncomfortable if he gets dirty. The same rule applies in the more important things and habits of life. If those who are in the bondage of habit will only direct their thoughts and attention to the building up of good habits, their old weaknesses will die a natural death.

benefiting by the experience, press on again towards freedom. It is most helpful to realize that not only is the subliminal mind willing to be guided aright, if we will only persevere long enough (until persevering itself becomes a habit), but that we also have behind us all the Spiritual powers of Divinity. The Infinite One sees to it that the odds are not overwhelmingly against us. Our difficulties are not insuperable, although they may appear to be so. We can always win through if we faint not. Heaven looks on with sympathetic interest and rejoices with the struggler when he succeeds, and mourns with him when he fails. The struggle is a stiff one, for it is only by this that the seeker after Divinity can become strong in character, but the victory can always be won. When the situation appears hopeless, let the struggling one remember that there is a way of escape somewhere, and that Divinity, who is his freedom and deliverer, will reveal it to him if he faints not. If all who seek deliverance will realize that the Power of the Infinite is on their side, and that they are bound to become victors if they will only keep on, they must succeed. And what a joy is theirs! There is no happiness

May every reader experience this supreme joy of overcoming.

Deep down in every heart is an unquenchable desire for happiness. The advanced spirit desires happiness just as much as the pleasure-seeking worldling, the difference between them is simply that the former, through knowledge and experience, does not search for happiness, knowing that it can never be found by direct seeking, but finds it through service and love to others and in victory over self; while the latter

Man is never satisfied with his life: he is for ever

seeking something that is better. Until he learns wisdom, he looks for it in pleasure, in sense gratification of various kinds, in wealth, luxury and possession. The less evolved a man is the more convinced he is that happiness can be gained in these ways, and the lower are his desires. For instance, those who form what is called the underworld of our cities, seek Those who are more evolved seek pleasure in more refined things, hoping to find happiness in intellectual pursuits, friendships, and in pure human loves. These more evolved types get much more pleasure through the senses than do those who are more elemental, but they are capable also of greater and more acute suffering. They can interesting at all: they can also suffer from things which a savage would not be capable of feeling. Yet, in spite of this developed refinement and ability to derive pleasure from art, science, literature, etc., happiness is still as far off as ever. All attempts at finding happiness lead finally to "emptiness." There is no satisfaction, either in wealth and all that it can command, getting on in life, or in fame and power. They allure at first and promise happiness, but they fail us, and finally are seen to be but vanity and vexation of spirit.

This desire for happiness is good, for it leads us through innumerable experiences so that the spirit can realize, by practical experience, the emptiness of all self-seeking, and thus learn wisdom. After running the whole gamut of experience the spirit learns at last that happiness is not something that can be found by seeking it, but is an inward mental state.

One has only to observe the lives of those who are always selfishly seeking and grabbing, who are hard in their dealings, and always "looking after number one," in order to see how impossible it is for self-seekers to be happy. It does not matter whether they acquire riches or remain poor—they are equally unhappy. In contrast to this, you have only to go out of your

There must be a purpose in life, and this must have for its object the betterment of the lives of others, either few or many. The law of service must be obeyed, otherwise there can be no happiness. This may fill some readers with dismay, for they may be employed in an occupation that apparently does no good to anybody. They may feel that if they were engaged in some noble enterprise for the uplift of humanity, then they could truly serve, but in their present occupation this is impossible. To think thus is very natural, yet the truth is we can all obey the law of service, and can begin now, in our present occupation, no matter what it may be. We have only to do our daily work, not as a task which must be "got through," in order to bring us a living, or because it is expected of us that we should work, but as an offering of love to life and the world, in order to come into harmony with the great law of service. Our ideas of values with regard to occupations are altogether erroneous, from the "inner wisdom" point of view. The scrubbing of a doorstep, if faithfully done in a true spirit of service, is of as much value and real importance as the writing of a deathless poem, or dying for one's country. We can never

Another road to happiness is the conquest of the lower nature, the overcoming of weaknesses, the climbing to higher and better things. There is intense happiness in realizing daily that old habits are being overthrown, ever-increasing state of liberty and freedom we do not have to remain as we once were, but can progress upwards, indefinitely, for there is no limit to our upward climb.

But there is a state that is far higher than happiness, and this is JOY. Happiness comes through service and overcoming, but joy comes only to one who realizes his oneness with his Behind this world of shadows is the real, spiritual world of splendor and delight. When the spirit, after its immense journey through matter, time and space, at last finds its way back to its Divine Source, it becomes aware of this intense joy, too great to be described in words. It not only realizes that the reality is joy, and the universe filled, not with groans or sighing, but with the sweet, quiet laughter of freed spirits! it also is filled itself with this ineffable joy.

What has all this got to do with practical,

It is not meant by this that he can blow himself up thereby, but it does mean that he can injure himself, not only in this life, but for ages to come, and, in addition, seriously retard his spiritual evolution.

seem beneficial for a time, and its use, . It is seen, then, that the use of the mind to influence others is distinctly harmful if unselfishly. Hypnotism is harmful, no matterwhich way it is used, and is also detrimental to the patient. Because of this some of our more thoughtful neurologists have given up its use.

lessons learn as a result of its own mistakes. Far worse is it if others are coerced, not in order to help them, but to defraud them or to make them buy goods they do not require, or sign agreements they would not otherwise put their name to.

.

There is, however, a far more subtle way of mus-using the mental and spiritual forces than by coercion, mind domination and hetero-suggestion. This method is equally destructive, and if persisted in builds up a painful future. With this method other people are not influenced or dominated, but the finer forces of Nature are coerced by the human will. Mental demands are made on the invisible substance from which, we are told, all things are made, and wealth is compelled to appear. In addition to this, sickness, so it is claimed, is banished, and the invisible forces of life are compelled to operate in such a way as to make life's pathway a bed of roses, without thorns, so that life becomes shorn of all its discipline and experience.

Its devotees "enter the Silence," and there visualize exactly what they think they want, and compel it to appear, in material form, by the strength of their desire or through the exercise of their will.

Some followers of this cult may be able to make an apparent success of it, but I have never yet met any. If they do, however, they will live to regret it, for they are merely practitioners of black magic. Their efforts are of the same nature as sorcery. All such methods build up a heavy debt of future suffering, and seriously hinder the spirit in its evolutionary journey.

Entering the Silence is a good thing: it is really entering the inner silence of the spirit, the inner sanctuary where the Divine Spirit abides in fulness. To mis-use this inward power for selfish and material ends, and for forcing our human will upon life, so as to make it conform to what we think it ought to be is a crime of the first magnitude, which can result only in ultimate failure and disaster.

Limitations can be overcome through a realization of Truth. When we say this it is taken for granted that every effort will be made on the physical plane. It is necessary to bathe, exercise and breathe fresh air in order to be well: it is equally necessary to work hard, and to give the best of which we are capable, in service, in exchange for that which we receive in the way of supply, if we are to be successful. If you keep a gardener, you must pay him. The money that you pay him is part of what you have earned by the sweat of your brain. Therefore you exchange the work of your brain for the labour of his hands, and you are mutually helped and helpful to one another, both giving and receiving, and each one serving life according to his ability. Taking all this for granted, we will pass on to the metaphysical side of our subject. This, by the way, is vastly the more important, but the outer, practical work is indispensable nevertheless.

In order to overcome limitations it is necessary to know the Truth and to live in the consciousness of It. For instance, if ill-health is our limitation, then, in order to become free it is necessary that we live in the consciousness of the Wholeness of Divinity and His Divine Idea. If our limitation be restricted means, it is necessary that we live in the consciousness of the inexhaustible and unlimited nature of the Substance from which the Creator brings everything into manifestation. If our limitation is disharmony and unhappiness, then we must become attuned to the Divine harmony in such a way and to such an extent as to cause it to be reflected into the outward life. No matter what our limitation may be, we can find liberation and deliverance by looking to our Divine Source, realizing that in the Perfect Reality all our wants are supplied, and then living in the consciousness of this truth

Ill-health is, apart from physical causes, an outward sign of an inward warfare or disharmony, caused by wrong thoughts, emotions, beliefs and attitude of mind and spirit towards life and Divinity. In other words, the life is lived in an "error" consciousness of disease and sickness. First, the inward life has to be adjusted in such a way as to harmonize with the laws of our own being and the Divine purpose of life. There must be an inward surrender to the love principle, after which the thoughts must be brought under control so that health-destroying emotions may no longer impair the health. Further, the whole consciousness must, as often as possible, be raised to a realization of the perfect Wholeness which is the reality. If this course is persevered with, a consciousness of health and wholeness becomes a permanent mental state, with the result that health becomes manifested in the life. The outward life is always a reflection or external manifestation of what we are within, or our state of consciousness. Therefore everything depends upon which kind of consciousness it is in which we live.

One who lives in the mental atmosphere of Divine Wholeness, health and harmony, unconsciously directs all the inner forces of nature into health channels. On the other hand, one who lives in a mental atmosphere of ill-health, as sick and unhealthy people very often do, unconsciously directs all his subliminal activities in such a way as to produce sickness and disease.

Again, with regard to lack of means, this state also can be overcome, spiritually, only by living in a higher consciousness of abundance and sufficiency. This affects, unconsciously, every action in such a way as to bring about a better state of affairs. On the other hand, one who lives in a mental atmosphere of limitation and lack, unconsciously directs all his actions towards the production, in his life, of penury and restricted means.

The same rule applies, no matter what the limitations of one's life may be. Freedom can be gained only by realizing the truth about life and being. When we realize the truth, live in the consciousness of it, and become obedient to the laws of life and being, the life becomes increasingly free. This does not mean that if we are plain of feature, and of a stumpy figure, that we shall become beautiful and graceful; but it does mean that these so-called drawbacks will no longer fetter us, and that others will see in us something far better than mere regularity of feature and beauty of form. When the spirit is alive and the life filled with love, the homeliest face becomes attractive. Neither does it mean that we shall not suffer but it does mean that we shall cease intensifying these things and creating further troubles by taking life's discipline in the wrong spirit. It also means that we shall be able to overcome all life's difficulties and trials, become a conqueror in the strife, and, in so doing, build up character. Thus the storms of life, instead of destroying us, can succeed only in making us stronger. Thus our fate depends not on the storms of life, but upon how we meet them. If we give in to them, or, thinking that they are evil and not a necessary d

The result of thinking in this way is surprising. The reversal of thought may appear at first to be simplicity itself, and to lead nowhere in particular, but after a time the vastness of the subject becomes almost appalling. The cultivation and practice of right thinking gradually lead to a knowledge of the Truth. Not an intellectual knowledge of truth, but a realization, by the spirit, of the Truth. This is the knowing of the Truth which sets men free. We can then look through all the ages and know that all is well. The heavy burden which has oppressed us so long, rolls from our shoulders, and we become free.

in his unawakened state, is concerned. When, however, man becomes awakened to the great truth that he is a spiritual being: when he learns that the little petty self and finite personality are not his real self at all, but merely a mask to the real man: when he realizes that the Spiritual Ego, a true Divine Spark of, or branch

dangerous and are also unnecessary. spiritual experiences and the awakening of spiritual systems are also dangerous and lead away from our goal. Breathing exercises, whose object is to awaken inward powers, are highly dangerous and are to be condemned in consequence. The cultivation of negative passivity such as inhibiting all thought and making oneself quite passive and open to any influence, is also highly dangerous and should be strictly avoided.

One might proceed after this fashion:—

"My body is not myself, but is merely something

that enables me to live this material life and gain experience.

"My mind is not myself, but merely an instrument which I use and which obeys my will.

"My spirit is not myself, but merely a garment of my spirit.

"My will is not myself, but is something of which I, the true Self, make use."

Modern research defines us individually as human bodies beings mall and insignificant compared to the vastness and complexity of the universe. All of us go about with our seemingly petty, routine work on a comparatively small planet orbiting a sun. With this perspective the universe is not concerned whether we as individualbodies like us exist or not. However such a perspective is questionable by the other very rational point of view that the Universe itself exists because of us and for us and we ourselves individually, in spirit, are as vast and complex as the unending , planetaryUniverse. Scientists have studied and recognized that everything, right from atoms to the stat particles from the atoms to the planets stars exist to fulfill our needThe entire universe appears to be designed for us, not just at the microscope scale of the atom, but at the level of the universe itself. We've discovered that the cosmos has a long list of traits that make it appear as if everything it contains—from atoms to stars—was tailor-made just for us. Many are calling this revelation the "Goldilocks Principle," because the cosmos is not "too this" or "too that," but rather "just right" for life. Others invoke "Intelligent Design" because they believe it's no accident the cosmos is so ideally suited for us, although the latter label is a Pandora's Box that opens up all manner of arguments for the Bible, and other topics that are irrelevant here, or worse.

At the moment, there are only two explanations for this mystery. One is to say, " Divinity did that," which explains nothing even if it is true. The other is to invoke biocentrism or the mankind's principle, several versions of which strongly support each other.

It's clear that if the Big Bang had been just one part in a million more powerful, the cosmos would have blown outward too fast to allow stars and worlds to form. Result: No us. Even more coincidentally, the universe's four forces and all of its constants are just perfectly set up for atomic interactions, the existence of atoms and elements, planets, water and life. Tweak any of them and you never existed.

Such life-friendly values of physics are built into the universe like the cotton fabric woven into our currency. The gravitational constant is perhaps the most famous, but the fine structure constant is just as critical for life. If it were just 1.1 or more of its present value, fusion would no longer occur in stars. Or consider the electromagnetic force. The great physicist Richard Feynman said "All good theoretical physicists put this number up on their wall and worry about it. Immediately you would like to know where this number for a coupling comes from…Nobody knows. It's one of the greatest damn mysteries of physics: a magic number that comes to us with no understanding by man. You might say the "hand of Divinity" wrote that number, and "we don't know how He pushed his pencil." …we don't know what kind of dance to do on the computer to make this number come out, without putting it in secretly!"

It amounts to 1/137 when the units are filled in, and facilitates the existence of atoms and allows the entire universe to exist. Any change in its value and none of us are here.

Mustn't our theories explain why we live in such a highly unlikely reality? Some say, since we're here the universe has to be the way it is and therefore isn't unlikely at all. Case closed.

Such reasoning is known as the "weak" mankind's Principle. The "strong" version says that the universe MUST have those properties which allow life to develop within it, because it was obviously `designed' with the goal of generating and sustaining participants. But without biocentrism, the strong mankind's principle has no mechanism for explaining why the universe must have life sustaining properties. Going further the physicist who discovered the reality "black holestheorized what is now called the Participatory mankind's theory: participants are required to bring the universe into existence.

# CHPTER THREE

Researcher Atkinson stated that any pre-life earth would have existed in an indeterminate state, like a mirage. If the universe was in a non-determined state until forced to resolve by participants, then the patterns have to be structured in such a way as to allow life. The biocentric philosophy builds upon scientists' findings and is the explanation to the anthropy counter arguments which seem validated to the majority of subject related experts.

promises of an easy life—for, if this were possible, it would be the greatest of all disasters—but rather endeavours to show how to become so strong that life looks almost easy by comparison (the life or fate does not change or become easier, but the individual alters and becomes stronger), yet, it does show the reader how to avoid making his life more difficult than it need be. Most people's lives would be less filled with trouble and suffering if they took life in the right spirit and acted in harmony with Universal Law.

It is hoped that this little book may help many to

come into harmony with life's law and purpose and thus avoid much needless suffering: to find the Greater Self within, which discovery brings with it a realization of absolute security: to bring into expression and wisely use their inner spiritual and mental forces and thus enter a life of overcoming and almost boundless power.

Spiritually, we have the capability of evolving from the ego state of our existence( the ego state runs our life as me, myself and living for my personal life goals only without consideration for others) to a higher state being a balanced spirit( on a level where the body, mind and spirit can harmonize) which can harmonize with the body and mind. possesses, did he but know it, illimitable Power. [1] This Power is of the Spirit, therefore, it. It is not the power of the ordinary life, or finite will, or human mind. It transcends these, because, being spiritual, it is of a higher order than either physical or even mental. This Power lies dormant, and is hidden within man until he is sufficiently evolved and unfolded to be entrusted with its use.

The powers of the subliminal mind are dealt with in other chapters. The Powers of the Spirit are far greater and finer than those of the subliminal mind.

Through the Divine Spark within him, which is really his real Self, man is connected with the Infinite. Divine Life and Power are his, if he realizes that they are his. So long as he is ignorant of his oneness with the Divine Source of all life, he is incapable of appropriating the

This Power, then, is Divinity's, yet it is also man's, but it is not revealed to him until he is fit to be entrusted with it. It is only when man realizes his oneness with his Divine Source that he becomes filled with Its power. Many teachers and initiates lament the fact that certain secrets are being spread broadcast to-day; secrets that, in the past, were kept closely -evolved people may make destructive use of spiritual power. This, to the writer, appears to be improbable. It is true that strong personalities, who have a great belief in their own power to achieve and succeed, draw unconsciously on hidden powers, and thus are able to raise themselves high above their fellows. The use, however, that they can make of spiritual power for base purposes is limited, and is not to be feared. There are others, of course, who are misusing their powers. These There are also others who spend the whole of their spare time searching for knowledge of this very subject. They read every occult book they can lay hands on, but they never find that for which they seek. There are spiritual powers and influences that withhold the eyes of the seekers from seeing, until they are ready for the revelation. When man, in his search for Truth, has given up all selfish striving after unworthy things, and has ceased to use his self-will in conflict with the greater Will of the Whole, he is ready for the revelation of his oneness with the Infinite. it is the entrance to a life of almost boundless power.

Our higher self s capable of aligning with Source.Man is not separate from his Divine Source and never has been. He is, in reality, one with the Infinite. The separation which he feels and experiences is mental, and is due to his blindness and unbelief. Man can never be separated from Spirit, for he himself is Spirit. He is an integral part of one complete whole. He lives and moves and has his being in Divinity (Universal, Omnipresent Spirit), and Divinity (Spirit) dwells in him. The majority of people are unaware of this intimate relationship with the Divine, and, because they are unaware, or because they refuse to believe it, they are, in one sense, separated from the inner life of Divinity. Yet this separation is only in their thoughts and beliefs, and not in reality. Man is not separated and never can be, yet so long as he believes that he is separate and alone, he will be as weak and helpless as though he actually were. As soon as man realizes the truth of his relationship to the Infinite, he passes from weakness to power, from death unto life. One moment he is in the desert, afar off, weak, separate, and alone; the next, he realizes that he is nothing less than a son of Divinity, with all a son's privileges and powers. He realizes, in a flash, that he is one with his Divine Source, and that he can never be separated. He awakens also to the fact that all the Power of the Infinite is his to draw upon; that he can never really fail, that he is marching on to victory.

It will thus be seen how great is the power of man's thought. While thought is not the power of the Spirit, it is the power by which man either connects himself up with the Infinite Power, opening himself to the Divine Inflow, or cuts himself off and separates himself from his Spiritual Source. Thus, in a sense, man is what he thinks he is. If he thinks he is separate from Divinity and cut off from His Power, then it is as though this were really the case, and he is just actually existed apart from Divinity. On the other hand, if he thinks and believes that he is one with the Infinite, he finds that it is g Divinity. If he believes and thinks that he is a mere material being, then he lives the limited life of a material being, and is never able to rise above it. But if, on the contrary, he thinks and believes that he is a spiritual being, then he finds that he possesses all the powers of a spiritual being.

The powers within you are infinite and by having faith in themselves humans can be connected with the Infinite Source .It depends each individual to harmonize body, mind and spirit to reach the state of higher consciousness the body, mind and spirit connects him to the Sacred Flame, thus making him potentially a Divinity in the making.

Become aware of your dominant thoughts with the purpose of guiding them towards positive thinking. Your dominant thoughts embed themselves in your subliminal to create your beliefs and habits which translate into your actions and therefore create your reality. Review your thoughts, from time to time, to keep the happy and inspirational Regardless of the present circumstances, replace negative thoughts gently, lovingly with rousing, joyous, laughing, rejoicing thoughts-thoughts of love, peace, hope, compassion, winning and celebrations.

2.Write down, in order of importance, all your major strengths and your significant achievements till date. If you need prompting, ask a relative or a close friend to help with inputs for recalling traits and events and make this list complete with everything significant. Every day, preferably early morning or late in the evening,rewrite this list and read it to yourself because repeating these in thought and spoken word will make a deep imprint of your positive aspects on your subliminal.

3.Think positively about yourself. Remind yourself that, regardless of your low, moderate or high status in life you are still a special, worthy and valued person, and that you deserve to feel good and content about yourself. Remind yourself that

the Universe loves you and you love the Universe
and that you are beautiful and peaceful in body,
mind and spirit, just the way you are now. Your
presence makes a valuable difference in the world,
just because you exist.Instead of doing something
greater than others,become a part of something
greater than us. By attaching ourselves to an
exemplery, beneficial cause, we are loved, loving
and lovable. This book underlines deleting all
negative thoughts about yourself from your
consciousness, thoughts like : 'you are not good
enough, not attractive enough or not wealthy
enough. Replace negativity such as 'I make many
mistakes" , or 'Not many people really like me
with positive beliefs-and keep reinforcing:" I am
important,lucky and fortunate, "I make a valuable
difference in the world. To sum up:you are much
more than just flesh and bones,You are a
combination of
mind,body,spirit,thoughts,emotions, confidence,
self-worth high goals, so ,build yourself up-to a
higher level than your human form( you being
more than just flesh and bones,you are a
combination of mind,
body,spirit,thoughts,emotions, high goals);

importantly you are first a spiritual presence and the physical form second. Think in terms of being a magnificent expression ofDivinity leading a human life.

4.Choose fresh, nutritious food as part of a healthy, balanced diet. Slow down while eating since meal times are special-even if you are eating on your work desk or alone. Switch off the computer/laptop/television, feel important by clearing the table and eat food slowly, with relish and gratitude.

5.Make it a regular habit to get enough sleep (aim for 7to8 hours). Instill joyous thoughts-thoughts of gratitude and thankfulness just before sleeping and right after waking up.

6.Clean and groom yourself regularly and well by taking showers, brushing your teeth and your hair, trimming your nails, keeping well-groomed and smelling fresh, wear clean clothes and use deodorants and fragrances as appropriate. Dressing up with style, finesse and finery will make you feel extra good about yourself. Within your wardrobe budgets and options , wear the nicest, cleanest, fashionable clothes- all this will keep your self-worth elevated.

7When you are done with work and social engagements, put on your walking shoes every day and go for a 10 to 15minutes walk either outdoors or in some indoor facility and work up a sweat doing cardio -workouts several times a week or as much as your doctor will allow.

8.Make it a habit of reducing your stress levels using basic, practical methods. It may be easiest to follow self-taught options , learn relaxation exercises like deep breathing outdoors,or some form of meditation which is easy to practice for you, yet effective. Do all these as often as you can. You may also find relaxation with hobbies as tending to and watering your plants or playing with and grooming your pets or other exciting hobbies that makes you relaxed and peaceful.

9.Bring out items that remind you of your achievements and your happiest, memorable times, of people special to you and display them where you and others can view them often-these are to nurture joyous memories and happy thoughts.(constantly replaying happy thoughts and memories sustains joy and improves the sense of self-worth.

10.Add on to your routine some more things that you enjoy. Find time to indulge in at least one or two pleasurable things every weekend.

11.Take up creative activities: any enjoyable form of singing, dancing, art, literary pursuits will bring out hidden, normally unexpressed talents and help you connect with your intrinsic goodness and help communicate with others lovingly. Take part in your circle of friends, local community groups, with courses, programs accessible to you for all related activities.

12.Take interest in your friends' and community activities to lend a hand and help others using your talents, energy, enthusiasm, your caring nature. Make some time for these late evenings or on weekends, because taking interest in others and helping them out will be appreciated and people will be grateful to you. Send out joyful, helpful vibes and they will come back multiplied. It's important to remember that what goes around, comes around. Giving and receiving is an ongoing circle of positive, beneficial energies- you will receive attention, gratitude and respect from others.

Always be friendly, extra kind and gentle to yourself by appreciating yourself, being happy with all decisions that you have taken. In fact, congratulate yourself for taking the best life's decisions in the light of your aptitude, training and circumstances. Celebrate important achievements and milestones and be proud of your value and worth.

Keep company of people who are important in life and mean a lot for you. In addition, reach out to network to meet more like-minded people and expand your contacts and connections. Social media communities are a possible start to get introductions and accept more friends into your circle .Facebook, twitter , linked in are excellent resources; use them productively.

13.Stay away from negative people who draw you down and with whom you cannot build up healthy relationships. You have started focusing on family, friends and more like minded people, so you can let go ties with people you are not comfortable with.

joyfulness and vitality (level of energy and vibrancy for life).

joyfulness, love and appreciation. who did notWhen sharing a positive experience, it is important to select a helpful listener.

To sum up: sharing our joy increases joy. Telling people about our joyfulness has far greater benefits than just remembering it or writing it down for ourselves. The process of discovering, enhancing and spreading joy starts to benefit ourselves first and when expanded further can benefit other as far out as 3 degrees of our social connections( ie benefitingour friendand that friend's friend and furthermore that friend's friend too and similarly keep compounding 3 degrees of connections for every close, appreciative and supportivefriend , which will add unto thousands of people.In turn, others too can help support more people's joy by encouraging them to share their most positive happenings, and the things they feel grateful for.

Supporting a friend or acquaintance's well-being in turn may enhance not only ourselves but other friends and acquaintances as well.

A study suggests that we have multiple times more positive happenings than negative. Why do we not emphasize on the positive events and build upon the past to experience similar ones in the future?What stops from experiencing, extending, and expanding our joy? Relevant research has been done and results may seem surprising because many people mostly hold back talking about their state of abundant lives. They feel others would get jealous because some get good things in life while a large majority get by with mediocrity and thousands-millions, around the world, even live poor lives. We do not want to attract bad luck. Sometimes we don't want to be our own bad omen We may even feel guilty that good things are happening to us in the face of mediocrity and suffering in parts of the world.

Dr Wheeler has shown that making daily lists of the things you feel grateful for—which helps draw our attention to the positive happenings in our lives—improves our psychological and physical health and well-being. For example, gratitude improves our ability to connect with others, boosts our compassionate nature, make us more optimistic and happy, reduces envy and greed and even improves health for people with physical ailments (even a major illness, for some people. It has been shown that by being grateful verbally we find others become loving and lovable, especially our family and friends and that we feel healthier and happier and it helps increase and sustain our well-being. Writing down and verbally expressing gratitude has faster and longer lasting benefits over just feeling grateful or, not feeling it at all. above and beyond simply feeling or writing down gratitude.

The experts found that people who habitually tend to talk to people they are close with about the good things that are happening to them also tend to feel happier and more satisfied with life. They also found that, the more these people shared their joyfulness with someone on a given day, the happier and more satisfied they were on that day. To decide whether sharing joyfulness caused this boost in well-being,a test group was experimented upon and in objective terms it turned out that t Those who shared positive experiences with their companions and friends experienced a greater uplifting well-being than those who did not share their experience with their companions.

To sum up: sharing our joy increases joy. Telling people about our joyfulness has far greater benefits than just remembering it or writing it down for ourselves. This well-being influences that of those around us, up to 3 In turn, we can help support others' joy by encouraging them to share their most positive happenings, and the things they feel grateful for. Supporting a friend or acquaintance's well-being in turn may impact not only ourselves but the well-being of all the people connected

we have three times more positive happenings than negative. What keeps us from fully capitalizing on all the good in our lives, making us experts have identified two main attitude that keep us from experiencing, extending, and expanding our joy: tendency to has shown that we tend to remember and focus more on refers to the fact that while we receive boosts of joyfulness from new positive happenings, over time, we get used to these happenings and they no longer have the same effect.

Their studies show that discussing positive happenings leads to heightened well-being, increased overall life satisfaction and even more energy.

This studies may seem surprising because we are often reluctant to talk about our good fortune. We don't want to overdo " showing off" or we may feel guilty that good things are happening to us in the face of the others who are suffering in different parts of the world. Sharing happy happenings with significant others and close friends spreads cheer all around and makes us feel more satisfied. with life.

Many studies have shown that making daily lists of the things you feel grateful for—which helps draw our attention to the positive happenings in our lives—improves our psychological and physical health and well-being. For example, gratitude improves our ability to connect with others, increases our compassionate feelings and make us upbeat and more positive ; cutting down on envy and greed and even improves health for people with physical ailments (severe disease in one case). on gratitude to show that verbally expressing the gratitude we feel to people close to us helps increase and sustain our well-being above and beyond simply feeling or writing down gratitude. known that joyfulness

The experts found that people who habitually tend to talk to people they are close with about the good things that are happening to them also tend to feel happier and more satisfied with life. They also found that, the more these people shared their joyfulness with someone on a given day, the happier and more satisfied they were on that day. To decide whether sharing joyfulness caused this boost in well-being, the asked to write a positive experience or a neutral experience like a fact they had learned in class and either share it with their companion or not. Those that shared a positive experience with their companion experienced a greater boost in well-being than those who did not share topics of general nature) that enhance swell being.

. Sharing good news helps in a big way, though

only people who are appreciative and at the very least good listeners. Staying away from nasty and negative people is a good idea in this context.

Another relevant tip is to share uplifting, joyous news as early as possible and convenient because over time it would loose its exciting and vibrant impact. networking happier and more satisfied with life. They also found that, the more these people shared their joyfulness with someone on a given day, the happier and more satisfied they were on that day. To determine whether sharing joyfulness caused this boost in well-being, experience or a neutral experienced a greater boost in well-being than those who did not share their experience with their companion or who shared a neutral experience with their companion. These findings suggest that it is the act of sharing joyfulness (and not of just thinking about joyfulness but not sharing it, or of sharing neutral information) that boosts well being.

One reason that the study asked The study group The study group to share their experience with close friends or romantic companions may come from the fact that these people may be more likely to support us. In the study's last experiment, the experts noticed that received constructive, encouraging, enthusiastic and positive messages after a successful experience (high achievement on a test) showed greater signs of joyfulness, love and appreciation. A worthwhile point to keep in mind is that as more and more joy is generated, we have to keep it away from it turning sour, mainly by being appreciative of this noble quality and secondly by not exposing or sharing it with negative people who may dampen the good effects of joyousness. A worthwhile point to keep in mind is that as more and more joy is generated, we have to keep it away from it turning sour, mainly by being appreciative of this noble quality and secondly by not exposing or sharing it with negative people who may dampen the good effects of joyousness. When sharing a positive experience, it is important to select a helpful listener.

them to share their most positive happenings, and the things they feel grateful for. Supporting a friend or acquaintance's well-being in turn may impact not only ourselves but the well-being of all the people connected

The experts found that people who habitually tend to talk to people they are close with about the good things that are happening to them also tend to feel happier and more satisfied with life. They also found that, the more these people shared their joyfulness with someone on a given day, the happier and more satisfied they were on that day. a positive experience with their companion experienced a greater boost in well-being than those who did not share their experience with their companion or who shared a neutral experience with their companion. These findings suggest that it is the act of sharing joyfulness (and not of just thinking about

When sharing a positive experience, it is important to select a helpful listener.

To sum up: by exchanging positive happenings, resulted in more joyfulness. Telling people about our joyous euphoria has far greater benefits than just remembering it or writing it down for ourselves. This study may also help clearly corroborate findings that have shown that our well-being influences others also,that of those around us, connected by three degrees of social networking . For going towards a long-term state of joyfulness, it's helping ourselves as well as others pursue not just for . In turn, we can help support others' joy by encouraging them to share their most positive happenings, and the things they feel grateful for. Supporting a friend or acquaintance's well-being in turn may impact not only ourselves but the well-being of all the people connected to winner. No wonder , joy has been defined a s a divine virtue because it expands and benefits ourselves as well as the entire circle of like-minded people as and when we share joy.

The abundance of joy, from an unending, limitless source, is truly amazing!

This studies may seem surprising because we are often reluctant to talk about our good fortune. We don't want to show off. Sometimes we don't want to attract bad luck to ourselves. Or we may feel guilty that good things are happening to us in the face of the suffering that exists in other people's lives. idle gossip and complaining, feeling negative or even gossip somehow feels more proper, practical and erroneously feasible. However, and colleague's studies suggests that describing our happy happenings to close friends and loved ones encourages and uplifts all concerned.

Many studies have shown that making daily lists of the things you feel grateful for—which helps draw our attention to the positive happenings in our lives—improves our psychological and physical health and well-being. For example, gratitude improves our ability to connect with others, boosts our compassionate nature make us optimistic and happier, decreases envy and materialism and even improves health for people with physical ailments (lung diseases disorders, in two patients). new study, however, extends studies on gratitude to show that verbally expressing the gratitude we feel to people close to us helps increase and sustain our well-being above and beyond simply feeling or writing down gratitude. Wisdom over the ages has recorded with conviction that joyousness expands through sharing.

Experts have found that people who often choose to relate with people they are close with about the good things that are happening to them also tend to feel happier and more satisfied with life. They also found that, the more these people shared their joyfulness with someone on a given day, the happier and more satisfied they were on that day Its been determined that sharing joyfulness caused re-resurgence well-being,health and vitality experience with their companion or who shared a neutral experience with their companion. These findings suggest that it is the act of sharing joyfulness (and not of just thinking about joyfulness but not sharing it, or of sharing neutral information) that boosts well-being.

Those who shared their grateful happenings with their companion reported greater satisfaction with life, joyfulness and vitality (level of energy and stamina).

When sharing a positive experience, it is important to select a helpful listener.

# CHAPTER FOUR

The basic premise of personal and social psychology is:sharing our joy increases joy. Telling people about our joyfulness has far greater benefits than just remembering it or writing it down for ourselves. This studies may also help partly explain studies by Rick Masters/ Ronald Simmons Being enthused with joy within , by increasing its flow to radiate outwards and around to other people, we can positively enhance the lives of people who are inter-linked up to three degrees of connections away from us, thus reaching a wide circle of extended family, relatives and friends within several social circles and unto communities at large and located nearby or in other cities as well. All those affected can in turn, can help support each others, setting up a reciprocal supporting others' energies resulting in a multitude of people strengthening their healthy, happy living. awareness of healthy, happy living. Supporting a friend or acquaintance's well-being in turn may impact not only ourselves but the well-

Positive happenings occur every day, yet we don't always appreciate , recognize them and be grateful to the Universe. Most of us have so much to be thankful about and proud of, starting with an intact mind and body, food, water, sunlight, shelter and people close to us-with many more tangibles and intangibles, yet a rude remark from a stranger or our missing a preferred parking spot makes us highlight the negative over so many positive blessings. ? A study by Tom Lewis and Pat Hartley suggest that we have multiple times more positive happenings than negative. What keeps us from openly realizing and appreciating on all the good in our lives, which is focusing on being happy instead of being stressed? experts have explained this oddity that keep us from experiencing, extending, and expanding our joy: the bitterness opinions and reconfirmation.; namely The bitterness opinions refers to our mind's innate tendency to give more weight to the negative; Adam Miller had found that we tend to remember and focus more on negative happenings. reconfirmation, discussed in studies on the evil merry go around, refers to the fact that while we receive boosts of joyfulness from new positive happenings, over time, we get used to these happenings and they no longer have the same effect.

How can we counter this tendency to assign greater weight to the negative happenings in our life? A recent study by Sheila Cole and team-at a renowned university provides a clear explanation. Their study shows that discussing positive happenings leads to heightened well-being, increased overall life satisfaction and even more energy.

This studies may seem surprising because we are often reluctant to talk about our good fortune. We don't want to show off. Sometimes we don't want to attract bad luck to ourselves.. Or we possibly feel guilty that good things are happening to us in the face of the suffering in other people's lives; idle gossip and complaining, feeling negative or even wasting time and resources somehow feels like an appropriate, grounded escape, although erroneously . However,Ms. Cole and team's research suggests that describing our happy happenings to close friends and romantic companions is an important,helpful attitude for health and happiness. content with their lives. Share with those who care is a bold and joyousway of living which binds people together and can ultimately spread out as prescription for an entire community. Experts also found that, the more these people shared their joyfulness with someone on a given day, the happier and more satisfied they were on that day. To decide whether sharing joyfulness caused this boost in well-being, whether with a family member or a friend Those that share positive happenings and joyousness with other compatible people experience immediate, increased satisfaction and well-being, as compared to others who were not outwardly expressive and kept their news to themselves. Well shared positive happenings give ourselves a boost and set up a trustworthy mindset where others can reciprocate their joyfulness as w

Become aware of your dominant thoughts with the purpose of guiding them towards positive thinking. Your dominant thoughts embed themselves in your subliminal to create your beliefs and habits which translate into your actions and therefore create your reality. Review your thoughts, from time to time, to keep the happy and inspirational Regardless of the present circumstances, replace negative thoughts gently, lovingly with rousing, joyous, laughing, rejoicing thoughts-thoughts of love, peace, hope, compassion, winning and celebrations.

2.Write down, in order of importance, all your major strengths and your significant achievements till date. If you need prompting, ask a relative or a close friend to help with inputs for recalling traits and events and make this list complete with everything significant. Every day, preferably early morning or late in the evening,rewrite this list and read it to yourself because repeating these in thought and spoken word will make a deep imprint of your positive aspects on your subliminal.

3.Think positively about yourself. Remind yourself that, regardless of your low, moderate or high status in life you are still a special, worthy and valued person, and that you deserve to feel good and content about yourself. Remind yourself that the Universe loves you and you love the Universe and that you are beautiful and peaceful in body, mind and spirit, just the way you are now. Your presence makes a valuable difference in the world, just because you exist.Instead of doing something greater than others,become a part of something greater than us. By attaching ourselves to an exemplery, beneficial cause, we are loved, loving

and lovable. This book underlines deleting all negative thoughts about yourself from your consciousness, thoughts like : 'you are not good enough, not attractive enough or not wealthy enough. Replace negativity such as 'I make many mistakes" , or 'Not many people really like me with positive beliefs-and keep reinforcing:" I am important,lucky and fortunate, "I make a valuable difference in the world. To sum up:you are much more than just flesh and bones,You are a combination of
mind,body,spirit,thoughts,emotions, confidence, self-worth high goals, so ,build yourself up-to a higher level than your human form( you being more than just flesh and bones,you are a combination of mind,
body,spirit,thoughts,emotions, high goals); importantly you are first a spiritual presence and the physical form second. Think in terms of being a magnificent expression ofDivinity leading a human life.

4.Choose fresh, nutritious food as part of a healthy, balanced diet. Slow down while eating since meal times are special-even if you are eating on your work desk or alone. Switch off the computer/laptop/television, feel important by clearing the table and eat food slowly, with relish and gratitude.

5.Make it a regular habit to get enough sleep (aim for 7to8 hours). Instill joyous thoughts-thoughts of gratitude and thankfulness just before sleeping and right after waking up.

6.Clean and groom yourself regularly and well by taking showers, brushing your teeth and your hair, trimming your nails, keeping well-groomed and smelling fresh, wear clean clothes and use deodorants and fragrances as appropriate. Dressing up with style, finesse and finery will make you feel extra good about yourself. Within your wardrobe budgets and options , wear the nicest, cleanest, fashionable clothes- all this will keep your self-worth elevated.

7When you are done with work and social engagements, put on your walking shoes every day and go for a 10 to 15minutes walk either outdoors or in some indoor facility and work up a sweat doing cardio -workouts several times a week or as much as your doctor will allow.

8.Make it a habit of reducing your stress levels using basic, practical methods. It may be easiest to follow self-taught options , learn relaxation exercises like deep breathing outdoors,or some form of meditation which is easy to practice for you, yet effective. Do all these as often as you can. You may also find relaxation with hobbies as tending to and watering your plants or playing with and grooming your pets or other exciting hobbies that makes you relaxed and peaceful.

9.Bring out items that remind you of your achievements and your happiest, memorable times, of people special to you and display them where you and others can view them often-these are to nurture joyous memories and happy thoughts.(constantly replaying happy thoughts and memories sustains joy and improves the sense of self-worth.

10.Add on to your routine some more things that you enjoy. Find time to indulge in at least one or two pleasurable things every weekend.

11.Take up creative activities: any enjoyable form

of singing, dancing, art, literary pursuits will bring out hidden, normally unexpressed talents and help you communicate with your intrinsic goodness and help communicate with others lovingly. Take part in your circle of friends, local community groups, with courses, programs accessible to you for all related activities.

12.Take interest in your friends' and community activities to lend a hand and help others using your talents, energy, enthusiasm, your caring nature. Make som e time for these late evenings or on weekends, because taking interest in others and helping them out will be appreciated and people will be grateful to you. Send out joyful, helpful vibes and they will come back multiplied. It's important to remember that what goes around, comes around. Giving and receiving is an ongoing circle of positive, beneficial energies- you will receive attention, gratitude and respect from others.

Always be friendly, extra kind and gentle to yourself by appreciating yourself, being happy with all decisions that you have taken. In fact, congratulate yourself for taking the best life's decisions in the light of your aptitude, training and circumstances. Celebrate important achievements and milestones and be proud of your value and worth.

Keep company of people who are important in life and mean a lot for you. In addition, reach out to network to meet more like-minded people and expand your contacts and connections. Social media communities are a possible start to get introductions and accept more friends into your circle .Facebook, twitter , linked in are excellent resources; use them productively.

13.Stay away from negative people who draw you down and with whom you cannot build up healthy relationships. You have started focusing on family, friends and more like minded people, so you can let go ties with people you are not comfortable with.

joyfulness and vitality (level of energy and vibrancyfor life).

joyfulness, love and appreciation. who did notWhen sharing a positive experience, it is important to select a helpful listener.

To sum up: sharing our joy increases joy. Telling people about our joyfulness has far greater benefits than just remembering it or writing it down for ourselves. The process of discovering, enhancing and spreading joy starts to benefit ourselves first and when expanded further can benefit other as far out as 3 degrees of our social connections( ie benefitingour friendand that friend's friend and furthermore that friend's friend too and similarly keep compounding 3 degrees of connections for every close, appreciative and supportivefriend , which will add unto thousands of people.In turn, others too can help support more people's joy by encouraging them to share their most positive happenings, and the things they feel grateful for. Supporting a friend or acquaintance's well-being in turn may enhance not only ourselves but other friends and acquaintances as well.

A study suggests that we have multiple times more positive happenings than negative. Why do we not emphasize on the positive events and build upon the past to experience similar ones in the future?What stops from experiencing, extending, and expanding our joy? Relevant research has been d one and results may seem surprising because many people mostly hold back talking about their state of abundant lives. They feel others would get jealous because some get good things in life while a large majority get by with mediocrity and thousands-millions, around the world, even live poor lives. We do not want to attract bad luck. Sometimes we don't want to be our own bad omen We may even feel guilty that good things are happening to us in the face of mediocrity and suffering in parts of the world.

Dr Smith has shown that making daily lists of the things you feel grateful for—which helps draw our attention to the positive happenings in our lives—improves our psychological and physical health and well-being. For example, gratitude improves our ability to connect with others, boosts our compassionate nature, make us more optimistic and happy, reduces envy and greed and even improves health for people with physical ailments (even a major illness, for some people. It has been shown that by being grateful verbally we find others become loving and lovable, especially our family and friends and that we feel healthier and happier and it helps increase and sustain our well-being. Writing down and verbally expressing gratitude has faster and longer lasting benefits over just feeling grateful or, not feeling it at all. above and beyond simply feeling or writing down gratitude.

The experts found that people who habitually tend to talk to people they are close with about the good things that are happening to them also tend to feel happier and more satisfied with life. They also found that, the more these people shared their joyfulness with someone on a given day, the happier and more satisfied they we re on that day. To decide whether sharing joyfulness caused this boost in well-being,a test group was experimented upon and in objective terms it turned out that t Those who shared positive experiences with their companions and friends experienced a greater uplifting well-being than those who did not share their experience with their companions.

To sum up: sharing our joy increases joy. Telling people about our joyfulness has far greater benefits than just remembering it or writing it down for ourselves. This well-being influences that of those around us, up to 3 In turn, we can help support others' joy by encouraging them to share their most positive happenings, and the things they feel grateful for. Supporting a friend or acquaintance's well-being in turn may impact not only ourselves but the well-being of all the people connected

we have three times more positive happenings than negative. What keeps us from fully capitalizing on all the good in our lives, making us experts have identified two main attitude that keep us from experiencing, extending, and expanding our joy: tendency to has shown that we tend to remember and focus more on refers to the fact that while we receive boosts of joyfulness from new positive happenings, over time, we get used to these happenings and they no longer have the same effect.

Their studies show that discussing positive happenings leads to heightened well-being, increased overall life satisfaction and even more energy.

This studies may seem surprising because we are often reluctant to talk about our good fortune. We don't want to overdo " showing off" or we may feel guilty that good things are happening to us in the face of the others who are suffering in different parts of the world. Sharing happy happenings with significant others and close friends spreads cheer all around and makes us feel more satisfied. with life.

Many studies have shown that making daily lists of the things you feel grateful for—which helps draw our attention to the positive happenings in our lives—improves our psychological and physical health and well-being. For example, gratitude improves our ability to connect with others, increases our compassionate feelings and make us upbeat and more positive ; cutting down on envy and greed and even improves health for people with physical ailments (severe disease in one case). on gratitude to show that verbally expressing the gratitude we feel to people close to us helps increase and sustain our well-being above and beyond simply feeling or writing down gratitude. known that joyfulness

The experts found that people who habitually tend to talk to people they are close with about the good things that are happening to them also tend to feel happier and more satisfied with life. They also found that, the more these people shared their joyfulness with someone on a given day, the happier and more satisfied they were on that day. To decide whether sharing joyfulness caused this boost in well-being, the asked to write a positive experience or a neutral experience like a fact they had learned in class and either share it with their companion or not. Those that shared a positive experience with their companion experienced a greater boost in well-being than those who did not share topics of general nature) that enhance swell being.

. Sharing good news helps in a big way, though only people who are appreciative and at the very least good listeners. Staying away from nasty and negative people is a good idea in this context.

Another relevant tip is to share uplifting, joyous news as early as possible and convenient because over time it would loose its exciting and vibrant impact. networking happier and more satisfied with life. They also found that, the more these people shared their joyfulness with someone on a given day, the happier and more satisfied they were on that day. To determine whether sharing joyfulness caused this boost in well-being, experience or a neutral experienced a greater boost in well-being than those who did not share their experience with their companion or who shared a neutral experience with their companion. These findings suggest that it is the act of sharing joyfulness (and not of just thinking about joyfulness but not sharing it, or of sharing neutral information) that boosts well being.

One reason that the study asked The study group The study group to share their experience with close friends or romantic companions may come from the fact that these people may be more likely to support us. In the study's last experiment, the experts noticed that received constructive, encouraging, enthusiastic and positive messages after a successful experience (high achievement on a test) showed greater signs of joyfulness, love and appreciation. A worthwhile point to keep in mind is that as more and more joy is generated, we have to keep it away from it turning sour, mainly by being appreciative of this noble quality and secondly by not exposing or sharing it with negative people who may dampen the good effects of joyousness. A worthwhile point to keep in mind is that as more and more joy is generated, we have to keep it away from it turning sour, mainly by being appreciative of this noble quality and secondly by not exposing or sharing it with negative people who may dampen the good effects of joyousness. When sharing a positive experience, it is important to select a helpful listener.

them to share their most positive happenings, and the things they feel grateful for. Supporting a friend or acquaintance's well-being in turn may impact not only ourselves but the well-being of all the people connected

The experts found that people who habitually tend to talk to people they are close with about the good things that are happening to them also tend to feel happier and more satisfied with life. They also found that, the more these people shared their joyfulness with someone on a given day, the happier and more satisfied they were on that day. a positive experience with their companion experienced a greater boost in well-being than those who did not share their experience with their companion or who shared a neutral experience with their companion. These findings suggest that it is the act of sharing joyfulness (and not of just thinking about

When sharing a positive experience, it is important to select a helpful listener.

To sum up: by exchanging positive happenings, resulted in more joyfulness. Telling people about our joyous euphoria has far greater benefits than just remembering it or writing it down for ourselves. This study may also help clearly corroborate findings that have shown that our well-being influences others also,that of those around us, connected by three degrees of social networking . For going towards a long-term state of joyfulness, it's helping ourselves as well as others pursue not just for . In turn, we can help support others' joy by encouraging them to share their most positive happenings, and the things they feel grateful for. Supporting a friend or acquaintance's well-being in turn may impact not only ourselves but the well-being of all the people connected to winner. No wonder , joy has been defined a s a divine virtue because it expands and benefits ourselves as well as the entire circle of like-minded people as and when we share joy.

The abundance of joy, from an unending, limitless source, is truly amazing!

This studies may seem surprising because we are often reluctant to talk about our good fortune. We don't want to show off. Sometimes we don't want to attract bad luck to ourselves. Or we may feel guilty that good things are happening to us in the face of the suffering that exists in other people's lives. idle gossip and complaining, feeling negative or even gossip somehow feels more proper, practical and erroneously feasible. However, and colleague's studies suggests that describing our happy happenings to close friends and loved ones encourages and uplifts all concerned.

Many studies have shown that making daily lists of the things you feel grateful for—which helps draw our attention to the positive happenings in our lives—improves our psychological and physical health and well-being. For example,

124

gratitude improves our ability to connect with others, boosts our compassionate nature make us optimistic and happier, decreases envy and materialism and even improves health for people with physical ailments (lung diseases disorders, in two patients). new study, however, extends studies on gratitude to show that verbally expressing the gratitude we feel to people close to us helps increase and sustain our well-being above and beyond simply feeling or writing down gratitude. Wisdom over the ages has recorded with conviction that joyousness expands through sharing.

Experts have found that people who often choose to relate with people they are close with about the good things that are happening to them also tend to feel happier and more satisfied with life. They also found that, the more these people shared their joyfulness with someone on a given day, the happier and more satisfied they were on that day Its been determined that sharing joyfulness caused re-resurgence well-being,health and vitality experience with their companion or who shared a neutral experience with their companion. These findings suggest that it is the act of sharing joyfulness (and not of just thinking about joyfulness but not sharing it, or of sharing neutral information) that boosts well-being.

Those who shared their grateful happenings with their companion reported greater satisfaction with life, joyfulness and vitality (level of energy and stamina).

When sharing a positive experience, it is important to select a helpful listener.

To sum up: sharing our joy increases joy. Telling people about our joyfulness has far greater benefits than just remembering it or writing it down for ourselves. This studies may also help partly explain studies by Rick Masters/ Ronald Simmons Being enthused with joy within , by increasing its flow to radiate outwards and around to other people, we can positively enhance the lives of people who are inter-linked up to three degrees of connections away from us, thus reaching a wide circle of extended family, relatives and friends within several social circles and unto communities at large and located nearby or in other cities as well. All those affected can in turn, can help support each others, setting up a reciprocal supporting others' energies resulting in a multitude of people strengthening their healthy, happy living. awareness of healthy, happy living. Supporting a friend or acquaintance's well-being in turn may impact not only ourselves but the well-

Positive happenings occur every day, yet we don't always appreciate , recognize them and be grateful to the Universe. Most of us have so much to be thankful about and proud of, starting with an intact mind and body, food, water, sunlight, shelter and people close to us-with many more tangibles and intangibles, yet a rude remark from a stranger or our missing a preferred parking spot makes us highlight the negative over so many positive blessings. ? A study by Tom Lewis and Pat Hartley suggest that we have multiple times more positive happenings than negative. What keeps us from openly realizing and appreciating on all the good in our lives, which is focusing on being happy instead of being stressed? experts have explained this oddity that keep us from experiencing, extending, and expanding our joy:

the bitterness opinions and reconfirmation.;
namely The bitterness opinions refers to our mind's
innate tendency to give more weight to the
negative;

# CHAPTER FIVE

British psychologists have found that we tend to
remember and focus more on negative happenings.
reconfirmation, discussed in studies on the evil
merry go around, refers to the fact that while we
receive boosts of joyfulness from new positive
happenings, over time, we get used to these
happenings and they no longer have the same
effect.

How can we counter this tendency to assign
greater emphasis on the negative happenings in our
life? A recent study by Sheila Cole and team-at a
NE renowned university provides a clear
explanation. Their study shows that discussing
positive happenings leads to heightened well-
being, increased overall life satisfaction and even
more energy.

This studies may also seem surprising because we

are often reluctant to talk about our good luck and happy circumstances. We don't want to show off. Perhaps we don't want to attract bad luck to ourselves.. Or we possibly feel guilty that good things are happening to us in the face of the suffering in other people's lives; instead, idle gossip and complaining, feeling negative or even wasting time and resources somehow feels like an appropriate, grounded escape from discussing happiness,very erroneously though . However,Ms. Cole and team's research suggests that describing our enjoyable happenings to close friends and romantic companions is an important,helpful attitude for health and happiness, contentment with most lives. Sharing with those who care is a bold and joyous way of living which binds people together and can ultimately spread out as a prescribed attitde for an entire community. Experts also found that, the more the test group shared their joyfulness with someone on a given day, the happier and more satisfied they were on that day. To decide whether sharing joyfulness caused this boost in well-being, whether with a family member or a friend Those that share positive happenings and joyousness with other compatible people experience immediate, increased satisfaction and well-being, as compared to others who were not outwardly expressive and kept their news to themselves. Well shared positive happenings give ourselves a boost and set up a trustworthy mindset where others can reciprocate their joyfulness as well.

Become aware of your dominant thoughts with the purpose of guiding them towards positive thinking. Your dominant thoughts embed themselves in your subliminal to create your beliefs and habits which translate into your actions and therefore create your reality. Review your thoughts, from time to time, to keep the happy and inspirational Regardless of the present circumstances, replace negative thoughts gently, lovingly with rousing, joyous, laughing, rejoicing thoughts-thoughts of love, peace, hope, compassion, winning and celebrations.

2. Write down, in order of importance, all your major strengths and your significant achievements till date. If you need prompting, ask a relative or a close friend to help with inputs for recalling traits and events and make this list complete with

everything significant. Every day, preferably early morning or late in the evening,rewrite this list and read it to yourselfbecause repeating these in thought and spoken word will make a deep imprint of your positive aspects on your subliminal.

3.Think positively about yourself. Remind yourself that, regardless of your low, moderate or high status in life you are still a special, worthy and valued person, and that you deserve to feel good and content about yourself. Remind yourself that the Universe loves you and you love the Universe and that you are beautiful and peaceful in body, mind and spirit, just the way you are now. Your presence makes a valuable difference in the world, just because you exist.Instead of doing something greater than others,become a part of something greater than us. By attaching ourselves to an exemplery, beneficial cause, we are loved, loving and lovable. This book underlines deleting all negative thoughts about yourself from your consciousness, thoughts like : 'you are not good enough, not attractive enough or not wealthy enough. Replace negativity such as 'I make many mistakes" , or 'Not many people really like me with positive beliefs-and keep reinforcing:" I am important,lucky and fortunate, "I make a valuable difference in the world. To sum up:you are much more than just flesh and bones,You are a combination of mind,body,spirit,thoughts,emotions, confidence, self-worth high goals, so ,build yourself up-to a higher level than your human form( you being more than just flesh and bones,you are a combination of mind, body,spirit,thoughts,emotions, high goals); importantly you are first a spiritual presence and the physical form second. Think in terms of being a magnificent expression ofDivinity leading a human life.

4.Choose fresh, nutritious food as part of a healthy, balanced diet. Slow down while eating since meal times are special-even if you are eating on your work desk or alone. Switch off the computer/laptop/television, feel important by clearing the table and eat food slowly, with relish and gratitude.

5.Make it a regular habit to get enough sleep (aim for 7to8 hours). Instill joyous thoughts-thoughts of gratitude and thankfulness just before sleeping and right after waking up.

6.Clean and groom yourself regularly and well by taking showers, brushing your teeth and your hair, trimming your nails, keeping well-groomed and smelling fresh, wear clean clothes and use deodorants and fragrances as appropriate. Dressing up with style, finesse and finery will make you feel extra good about yourself. Within your wardrobe budgets and options , wear the nicest, cleanest, fashionable clothes- all this will keep your self-worth elevated.

7When you are done with work and social engagements, put on your walking shoes every day and go for a 10 to 15minutes walk either outdoors or in some indoor facility and work up a sweat doing cardio -workouts several times a week or as much as your doctor will allow.

8.Make it a habit of reducing your stress levels using basic, practical methods. It may be easiest to follow self-taught options , learn relaxation exercises like deep breathing outdoors,or some form of meditation which is easy to practice for you, yet effective. Do all these as often as you can. You may also find relaxation with hobbies as tending to and watering your plants or playing with and grooming your pets or other exciting hobbies that makes you relaxed and peaceful.

9.Bring out items that remind you of your achievements and your happiest, memorable times, of people special to you and display them where you and others can view them often-these are to nurture joyous memories and happy thoughts.(constantly replaying happy thoughts and memories sustains joy and improves the sense of self-worth.

10.Add on to your routine some more things that you enjoy. Find time to indulge in at least one or two pleasurable things every weekend.

11.Take up creative activities: any enjoyable form of singing, dancing, art, literary pursuits will bring out hidden, normally unexpressed talents and help you communicate with your intrinsic goodness and help communicate with others lovingly. Take part in your circle of friends, local community groups, with courses, programs accessible to you for all related activities.

12.Take interest in your friends' and community activities to lend a hand and help others using your talents, energy, enthusiasm, your caring nature. Make som e time for these late evenings or on weekends, because taking interest in others and helping them out will be appreciated and people will be grateful to you. Send out joyful, helpful vibes and they will come back multiplied. It's important to remember that what goes around, comes around. Giving and receiving is an ongoing circle of positive, beneficial energies- you will receive attention, gratitude and respect from others.

Always be friendly, extra kind and gentle to yourself by appreciating yourself, being happy with all decisions that you have taken. In fact, congratulate yourself for taking the best life's decisions in the light of your aptitude, training and circumstances. Celebrate important achievements and milestones and be proud of your value and worth.

Keep company of people who are important in life

and mean a lot for you. In addition, reach out to network to meet more like-minded people and expand your contacts and connections. Social media communities are a possible start to get introductions and accept more friends into your circle .Facebook, twitter , linked in are excellent resources; use them productively.

13.Stay away from negative people who draw you down and with whom you cannot build up healthy relationships. You have started focusing on family, friends and more like minded people, so you can let go ties with people you are not comfortable with.

joyfulness and vitality (level of energy and vibrancy for life).

joyfulness, love and appreciation. who did notWhen sharing a positive experience, it is important to select a helpful listener.

To sum up: sharing our joy increases joy. Telling people about our joyfulness has far greater benefits than just remembering it or writing it down for ourselves. The process of discovering, enhancing and spreading joy starts to benefit ourselves first and when expanded further can benefit other as far out as 3 degrees of our social connections( ie benefitingour friendand that friend's friend and furthermore that friend's friend too and similarly keep compounding 3 degrees of connections for every close, appreciative and supportivefriend , which will add unto thousands of people.In turn, others too can help support more people's joy by encouraging them to share their most positive happenings, and the things they feel grateful for. Supporting a friend or acquaintance's well-being in turn may enhance not only ourselves but other friends and acquaintances as well.

A study suggests that we have multiple times more positive happenings than negative. Why do we not emphasize on the positive events and build upon the past to experience similar ones in the future?What stops from experiencing, extending, and expanding our joy? Relevant research has been d one and results may seem surprising because many people mostly hold back talking about their state of abundant lives. They feel others would get jealous because some get good things in life while a large majority get by with mediocrity and thousands-millions, around the world, even live poor lives. We do not want to attract bad luck. Sometimes we don't want to be our own bad omen We may even feel guilty that good things are happening to us in the face of mediocrity and suffering in parts of the world.

Dr Smith has shown that making daily lists of the things you feel grateful for—which helps draw our attention to the positive happenings in our lives—improves our psychological and physical health and well-being. For example, gratitude improves our ability to connect with others, boosts our compassionate nature, make us more optimistic and happy, reduces envy and greed and even improves health for people with physical ailments (even a major illness, for some people. It has been shown that by being grateful verbally we find others become loving and lovable, especially our family and friends and that we feel healthier and happier and it helps increase and sustain our well-being. Writing down and verbally expressing gratitude has faster and longer lasting benefits over just feeling grateful or, not feeling it at all. above and beyond simply feeling or writing down gratitude.

The experts found that people who habitually tend to talk to people they are close with about the good things that are happening to them also tend to feel happier and more satisfied with life. They also found that, the more these people shared their joyfulness with someone on a given day, the happier and more satisfied they we re on that day. To decide whether sharing joyfulness caused this boost in well-being,a test group was experimented upon and in objective terms it turned out that t Those who shared positive experiences with their companions and friends experienced a greater uplifting well-being than those who did not share their experience with their companions.

To sum up: sharing our joy increases joy. Telling people about our joyfulness has far greater benefits than just remembering it or writing it down for ourselves. This well-being influences that of those around us, up to 3 In turn, we can help support others' joy by encouraging them to share their most positive happenings, and the things they feel grateful for. Supporting a friend or acquaintance's well-being in turn may impact not only ourselves but the well-being of all the people connected

we have three times more positive happenings than negative. What keeps us from fully capitalizing on all the good in our lives, making us experts have identified two main attitude that keep us from experiencing, extending, and expanding our joy: tendency to has shown that we tend to remember and focus more on refers to the fact that while we receive boosts of joyfulness from new positive happenings, over time, we get used to these happenings and they no longer have the same effect.

Their studies show that discussing positive happenings leads to heightened well-being, increased overall life satisfaction and even more energy.

This studies may seem surprising because we are often reluctant to talk about our good fortune. We don't want to overdo " showing off" or we may feel guilty that good things are happening to us in the face of the others who are suffering in different parts of the world. Sharing happy happenings with significant others and close friends spreads cheer all around and makes us feel more satisfied. with life.

Many studies have shown that making daily lists of the things you feel grateful for—which helps draw our attention to the positive happenings in our lives—improves our psychological and physical health and well-being. For example, gratitude improves our ability to connect with others, increases our compassionate feelings and make us upbeat and more positive ; cutting down on envy and greed and even improves health for people with physical ailments (severe disease in one case). on gratitude to show that verbally expressing the gratitude we feel to people close to us helps increase and sustain our well-being above and beyond simply feeling or writing down gratitude. known that joyfulness

The experts found that people who habitually tend to talk to people they are close with about the good things that are happening to them also tend to feel happier and more satisfied with life. They also found that, the more these people shared their joyfulness with someone on a given day, the happier and more satisfied they were on that day.

To decide whether sharing joyfulness caused this boost in well-being, the asked to write a positive experience or a neutral experience like a fact they had learned in class and either share it with their companion or not. Those that shared a positive experience with their companion experienced a greater boost in well-being than those who did not share topics of general nature) that enhance swell being.

. Sharing good news helps in a big way, though only people who are appreciative and at the very least good listeners. Staying away from nasty and negative people is a good idea in this context.

Another relevant tip is to share uplifting, joyous news as early as possible and convenient because over time it would loose its exciting and vibrant impact. networking happier and more satisfied with life. They also found that, the more these people shared their joyfulness with someone on a given day, the happier and more satisfied they were on that day. To determine whether sharing joyfulness caused this boost in well-being, experience or a neutral experienced a greater boost in well-being than those who did not share their experience with their companion or who shared a neutral experience with their companion. These findings suggest that it is the act of sharing joyfulness (and not of just thinking about joyfulness but not sharing it, or of sharing neutral information) that boosts well being.

One reason that the study asked The study group The study group to share their experience with close friends or romantic companions may come from the fact that these people may be more likely to support us. In the study's last experiment, the experts noticed that received constructive, encouraging, enthusiastic and positive messages after a successful experience (high achievement on a test) showed greater signs of joyfulness, love and appreciation. A worthwhile point to keep in mind is that as more and more joy is generated, we have to keep it away from it turning sour, mainly by being appreciative of this noble quality and secondly by not exposing or sharing it with negative people who may dampen the good effects of joyousness. A worthwhile point to keep in mind is that as more and more joy is generated, we have to keep it away from it turning sour, mainly by being appreciative of this noble quality and secondly by not exposing or sharing it with negative people who may dampen the good effects of joyousness. When sharing a positive experience, it is important to select a helpful listener.

them to share their most positive happenings, and the things they feel grateful for. Supporting a friend or acquaintance's well-being in turn may impact not only ourselves but the well-being of all the people connected

The experts found that people who habitually tend to talk to people they are close with about the good things that are happening to them also tend to feel happier and more satisfied with life. They also found that, the more these people shared their joyfulness with someone on a given day, the happier and more satisfied they were on that day. a positive experience with their companion experienced a greater boost in well-being than those who did not share their experience with their companion or who shared a neutral experience with their companion. These findings suggest that it is the act of sharing joyfulness (and not of just thinking about

When sharing a positive experience, it is important to select a helpful listener.

To sum up: by exchanging positive happenings, resulted in more joyfulness. Telling people about our joyous euphoria has far greater benefits than just remembering it or writing it down for ourselves. This study may also help clearly corroborate findings that have shown that our well-being influences others also,that of those around us, connected by three degrees of social networking . For going towards a long-term state of joyfulness, it's helping ourselves as well as others pursue not just for . In turn, we can help support others' joy by encouraging them to share their most positive happenings, and the things they feel grateful for. Supporting a friend or acquaintance's well-being in turn may impact not only ourselves but the well-being of all the people connected to winner. No wonder , joy has been defined a s a divine virtue because it expands and benefits ourselves as well as the entire circle of like-minded people as and when we share joy.

The abundance of joy, from an unending, limitless source, is truly amazing!

This studies may seem surprising because we are often reluctant to talk about our good fortune. We don't want to show off. Sometimes we don't want to attract bad luck to ourselves. Or we may feel guilty that good things are happening to us in the face of the suffering that exists in other people's lives. idle gossip and complaining, feeling negative or even gossip somehow feels more proper, practical and erroneously feasible. However, and colleague's studies suggests that describing our happy happenings to close friends and loved ones encourages and uplifts all concerned.

## CHAPTER SIX

Many studies have shown that making daily lists of the things you feel grateful for—which helps draw our attention to the positive happenings in our lives—improves our psychological and physical health and well-being. For example, gratitude improves our ability to connect with others, boosts our compassionate nature make us optimistic and happier, decreases envy and materialism and even improves health for people with physical ailments (lung diseases disorders, in two patients). new study, however, extends studies on gratitude to show that verbally expressing the gratitude we feel to people close to us helps increase and sustain our well-being above and beyond simply feeling or writing down gratitude. Wisdom over the ages has recorded with conviction that joyousness expands through sharing.

Experts have found that people who often choose to relate with people they are close with about the good things that are happening to them also tend to feel happier and more satisfied with life. They also found that, the more these people shared their joyfulness with someone on a given day, the happier and more satisfied they were on that day Its been determined that sharing joyfulness caused re-resurgence well-being,health and vitality experience with their companion or who shared a neutral experience with their companion. These findings suggest that it is the act of sharing joyfulness (and not of just thinking about joyfulness but not sharing it, or of sharing neutral information) that boosts well-being.

Those who shared their grateful happenings with their companion reported greater satisfaction with life, joyfulness and vitality (level of energy and stamina).

When sharing a positive experience, it is important to select a helpful listener.

To sum up: sharing our joy increases joy. Telling people about our joyfulness has far greater benefits than just remembering it or writing it down for ourselves. This studies may also help partly explain studies by Rick Sandorsky/ Phoebe Simmons Being enthused with joy within , by increasing its flow to radiate outwards and around to other people, we can positively enhance the lives of people who are inter-linked up to three degrees of connections away from us, thus reaching a wide circle of extended family, relatives and friends within several social circles and unto communities at large and located nearby or in other cities as well. All those affected can in turn, can help support each others, setting up a reciprocal supporting others' energies resulting in a multitude of people strengthening their healthy, happy living. awareness of healthy, happy living.

Supporting a friend or acquaintance's well-being in turn may impact not only ourselves but the well-

Positive happenings occur every day, yet we don't always appreciate , recognize them and be grateful to the Universe. Most of us have so much to be thankful about and proud of, starting with an intact mind and body, food, water, sunlight, shelter and people close to us-with many more tangibles and intangibles, yet a rude remark from a stranger or our missing a preferred parking spot makes us highlight the negative over so many positive blessings. ? A study by Tom Lewis and Pat McCarthy suggest that we have multiple times more positive happenings than negative. What keeps us from openly realizing and appreciating on all the good in our lives, which is focusing on being happy instead of being stressed? experts have explained this oddity that keep us from experiencing, extending, and expanding our joy: the bitterness opinions and reconfirmation.; namely The bitterness opinions refers to our mind's innate tendency to give more weight to the negative; Adam Miller had found that we tend to remember and focus more on negative happenings.

149

reconfirmation, discussed in studies on the evil merry go around, refers to the fact that while we receive boosts of joyfulness from new positive happenings, over time, we get used to these happenings and they no longer have the same effect.

How can we counter this tendency to assign greater weight to the negative happenings in our life? A recent study by Sheila Cole and team-at a renowned university provides a clear explanation. Their study shows that discussing positive happenings leads to heightened well-being, increased overall life satisfaction and even more energy.

This studies may seem surprising because we are often reluctant to talk about our good fortune. We don't want to show off. Sometimes we don't want to attract bad luck to ourselves.. Or we possibly feel guilty that good things are happening to us in the face of the suffering in other people's lives; idle gossip and complaining, feeling negative or even wasting time and resources somehow feels like an appropriate, grounded escape, although erroneously . However,Ms. Cole and team's research suggests that describing our happy happenings to close friends and romantic companions is an important,helpful attitude for health and happiness. content with their lives. Share with those who care is a bold and joyousway of living which binds people together and can ultimately spread out as prescription for an entire community. Experts also found that, the more these people shared their joyfulness with someone on a given day, the happier and more satisfied they were on that day. To decide whether sharing joyfulness caused this boost in well-being, whether with a family member or a friend Those that share positive happenings and joyousness with other compatible people experience immediate, increased satisfaction and well-being, as compared to others who were not outwardly expressive and kept their news to themselves. Well shared positive happenings give ourselves a boost and set up a trustworthy mindset where others can reciprocate their joyfulness as well.

Become aware of your dominant thoughts with the purpose of guiding them towards positive thinking. Your dominant thoughts embed themselves in your subliminal to create your beliefs and habits which translate into your actions and therefore create your reality. Review your thoughts, from time to time, to keep the happy and inspirational Regardless of the present circumstances, replace negative thoughts gently, lovingly with rousing, joyous, laughing, rejoicing thoughts-thoughts of love, peace, hope, compassion, winning and celebrations.

2.Write down, in order of importance, all your major strengths and your significant achievements till date. If you need prompting, ask a relative or a close friend to help with inputs for recalling traits and events and make this list complete with everything significant. Every day, preferably early morning or late in the evening,rewrite this list and read it to yourselfbecause repeating these in thought and spoken word will make a deep imprint of your positive aspects on your subliminal.

3.Think positively about yourself. Remind yourself that, regardless of your low, moderate or high status in life you are still a special, worthy and valued person, and that you deserve to feel good and content about yourself. Remind yourself that the Universe loves you and you love the Universe and that you are beautiful and peaceful in body, mind and spirit, just the way you are now. Your presence makes a valuable difference in the world, just because you exist.Instead of doing something greater than others,become a part of something greater than us. By attaching ourselves to an exemplery, beneficial cause, we are loved, loving and lovable. This book underlines deleting all negative thoughts about yourself from your consciousness, thoughts like : 'you are not good enough, not attractive enough or not wealthy enough. Replace negativity such as 'I make many mistakes" , or 'Not many people really like me with positive beliefs-and keep reinforcing:" I am important,lucky and fortunate, "I make a valuable difference in the world. To sum up:you are much more than just flesh and bones,You are a combination of

mind,body,spirit,thoughts,emotions, confidence, self-worth high goals, so ,build yourself up-to a higher level than your human form( you being more than just flesh and bones; actuallyyou are a combination of mind,

body,spirit,thoughts,emotions, higher ambitions)

Importantly you are first a spiritual presence and the physical form second. Think in terms of being a magnificent expression of Divinity leading a human life.

4.Choose fresh, nutritious food as part of a healthy, balanced diet. Slow down while eating since meal times are special-even if you are eating on your work desk or alone. Switch off the computer/laptop/television, feel important by clearing the table and eat food slowly, with relish and gratitude.

5.Make it a regular habit to get enough sleep (aim for 7to8 hours). Instill joyous thoughts-thoughts of gratitude and thankfulness just before sleeping and right after waking up.

6.Clean and groom yourself regularly and well by taking showers, brushing your teeth and your hair, trimming your nails, keeping well-groomed and smelling fresh, wear clean clothes and use deodorants and fragrances as appropriate. Dressing up with style, finesse and finery will make you feel extra good about yourself. Within your wardrobe budgets and options , wear the nicest, cleanest, fashionable clothes- all this will keep your self-worth elevated.

7When you are done with work and social engagements, put on your walking shoes every day and go for a 10 to 15minutes walk either outdoors or in some indoor facility and work up a sweat doing cardio -workouts several times a week or as much as your doctor will allow.

8.Make it a habit of reducing your stress levels using basic, practical methods. It may be easiest to follow self-taught options , learn relaxation exercises like deep breathing outdoors,or some form of meditation which is easy to practice for you, yet effective. Do all these as often as you can. You may also find relaxation with hobbies as tending to and watering your plants or playing with and grooming your pets or other exciting hobbies that makes you relaxed and peaceful.

9.Bring out items that remind you of your achievements and your happiest, memorable times, of people special to you and display them where you and others can view them often-these are to nurture joyous memories and happy thoughts.(constantly replaying happy thoughts and memories sustains joy and improves the sense of self-worth.

10.Add on to your routine some more things that you enjoy. Find time to indulge in at least one or two pleasurable things every weekend.

11.Take up creative activities: any enjoyable form of singing, dancing, art, literary pursuits will bring out hidden, normally unexpressed talents and help you communicate with your intrinsic goodness and help communicate with others lovingly. Take part in your circle of friends, local community groups, with courses, programs accessible to you for all related activities.

12.Take interest in your friends' and community activities to lend a hand and help others using your talents, energy, enthusiasm, your caring nature. Make som e time for these late evenings or on weekends, because taking interest in others and helping them out will be appreciated and people will be grateful to you. Send out joyful, helpful vibes and they will come back multiplied. It's important to remember that what goes around, comes around. Giving and receiving is an ongoing circle of positive, beneficial energies- you will receive attention, gratitude and respect from others.

Always be friendly, extra kind and gentle to yourself by appreciating yourself, being happy with all decisions that you have taken. In fact, congratulate yourself for taking the best life's decisions in the light of your aptitude, training and circumstances. Celebrate important achievements and milestones and be proud of your value and worth.

Keep company of people who are important in life and mean a lot for you. In addition, reach out to network to meet more like-minded people and expand your contacts and connections. Social media communities are a possible start to get introductions and accept more friends into your circle .Facebook, twitter , linked in are excellent resources; use them productively.

13.Stay away from negative people who draw you down and with whom you cannot build up healthy relationships. You have started focusing on family, friends and more like minded people, so you can let go ties with people you are not comfortable with.

joyfulness and vitality (level of energy and vibrancyfor life).

joyfulness, love and appreciation. who did notWhen sharing a positive experience, it is important to select a helpful listener.

To sum up: sharing our joy increases joy. Telling people about our joyfulness has far greater benefits than just remembering it or writing it down for ourselves. The process of discovering, enhancing and spreading joy starts to benefit ourselves first and when expanded further can benefit other as far out as 3 degrees of our social connections( ie benefiting our friends and that friend's friend and furthermore that friend's friend too and similarly keep compounding 3 degrees of connections for every close, appreciative and supportive friend , which will add unto thousands of people.In turn, others too can help support more people's joy by encouraging them to share their most positive happenings, and the things they feel grateful for.

Supporting a friend or acquaintance's well-being in turn may enhance not only ourselves but other friends and acquaintances as well.

A study suggests that we have multiple times more positive happenings than negative. Why do we not emphasize on the positive events and build upon the past to experience similar ones in the future?What stops from experiencing, extending, and expanding our joy? Relevant research has be en done and results may seem surprising because many people mostly hold back talking about their state of abundant lives. They feel others would get jealous because some get good things in life while a large majority get by with mediocrity and thousands-millions, around the world, even live poor lives. We do not want to attract bad luck. Sometimes we don't want to be our own bad omen We may even feel guilty that good things are happening to us in the face of mediocrity and suffering in parts of the world.

Dr Smith has shown that making daily lists of the things you feel grateful for—which helps draw our attention to the positive happenings in our lives— improves our psychological and physical health and well-being. For example, gratitude improves our ability to connect with others, boosts our compassionate nature, make us more optimistic and happy, reduces envy and greed and even improves health for people with physical ailments (even a major illness, for some people. It has been shown that by being grateful verbally we find others become loving and lovable, especially our family and friends and that we feel healthier and happier and it helps increase and sustain our well-being. Writing down and verbally expressing gratitude has faster and longer lasting benefits over just feeling grateful or, not feeling it at all. above and beyond simply feeling or writing down gratitude.

The experts found that people who habitually tend to talk to people they are close with about the good things that are happening to them also tend to feel happier and more satisfied with life. They also found that, the more these people shared their joyfulness with someone on a given day, the happier and more satisfied they we re on that day. To decide whether sharing joyfulness caused this boost in well-being,a test group was experimented

upon and in objective terms it turned out that t
Those who shared positive experiences with their
companions and friends experienced a greater
uplifting well-being than those who did not share
their experience with their companions.

To sum up: sharing our joy increases joy. Telling
people about our joyfulness has far greater benefits
than just remembering it or writing it down for
ourselves. This well-being influences that of those
around us, up to 3 In turn, we can help support
others' joy by encouraging them to share their most
positive happenings, and the things they feel
grateful for. Supporting a friend or acquaintance's
well-being in turn may impact not only ourselves
but the well-being of all the people connected

we have three times more positive happenings than
negative. What keeps us from fully capitalizing on
all the good in our lives, making us experts have
identified two main attitude that keep us from
experiencing, extending, and expanding our joy:
tendency to has shown that we tend to remember
and focus more on refers to the fact that while we
receive boosts of joyfulness from new positive
happenings, over time, we get used to these

161

happenings and they no longer have the same effect.

Their studies show that discussing positive happenings leads to heightened well-being, increased overall life satisfaction and even more energy.

This studies may seem surprising because we are often reluctant to talk about our good fortune. We don't want to overdo " showing off" or we may feel guilty that good things are happening to us in the face of the others who are suffering in different parts of the world. Sharing happy happenings with significant others and close friends spreads cheer all around and makes us feel more satisfied. with life.

Many studies have shown that making daily lists of the things you feel grateful for—which helps draw our attention to the positive happenings in our lives—improves our psychological and physical health and well-being. For example, gratitude improves our ability to connect with others, increases our compassionate feelings and make us upbeat and more positive ; cutting down on envy and greed and even improves health for people with physical ailments (severe disease in one case). on gratitude to show that verbally expressing the gratitude we feel to people close to us helps increase and sustain our well-being above and beyond simply feeling or writing down gratitude. known that joyfulness

The experts found that people who habitually tend to talk to people they are close with about the good things that are happening to them also tend to feel happier and more satisfied with life. They also found that, the more these people shared their joyfulness with someone on a given day, the happier and more satisfied they were on that day. To decide whether sharing joyfulness caused this boost in well-being, the asked to write a positive experience or a neutral experience like a fact they had learned in class and either share it with their companion or not. Those that shared a positive experience with their companion experienced a greater boost in well-being than those who did not share topics of general nature) that enhance swell being.

. Sharing good news helps in a big way, though

only people who are appreciative and at the very least good listeners. Staying away from nasty and negative people is a good idea in this context.

Another relevant tip is to share uplifting, joyous news as early as possible and convenient because over time it would loose its exciting and vibrant impact. networking happier and more satisfied with life. They also found that, the more these people shared their joyfulness with someone on a given day, the happier and more satisfied they were on that day. To determine whether sharing joyfulness caused this boost in well-being, experience or a neutral experienced a greater boost in well-being than those who did not share their experience with their companion or who shared a neutral experience with their companion. These findings suggest that it is the act of sharing joyfulness (and not of just thinking about joyfulness but not sharing it, or of sharing neutral information) that boosts well being.

One reason that the study asked The study group The study group to share their experience with close friends or romantic companions may come from the fact that these people may be more likely to support us. In the study's last experiment, the experts noticed that received constructive, encouraging, enthusiastic and positive messages after a successful experience (high achievement on a test) showed greater signs of joyfulness, love and appreciation. A worthwhile point to keep in mind is that as more and more joy is generated, we have to keep it away from it turning sour, mainly by being appreciative of this noble quality and secondly by not exposing or sharing it with negative people who may dampen the good effects of joyousness. A worthwhile point to keep in mind is that as more and more joy is generated, we have to keep it away from it turning sour, mainly by being appreciative of this noble quality and secondly by not exposing or sharing it with negative people who may dampen the good effects of joyousness. When sharing a positive experience, it is important to select a helpful listener.

them to share their most positive happenings, and the things they feel grateful for. Supporting a friend or acquaintance's well-being in turn may impact not only ourselves but the well-being of all the people connected

The experts found that people who habitually tend to talk to people they are close with about the good things that are happening to them also tend to feel happier and more satisfied with life. They also found that, the more these people shared their joyfulness with someone on a given day, the happier and more satisfied they were on that day. a positive experience with their companion experienced a greater boost in well-being than those who did not share their experience with their companion or who shared a neutral experience with their companion. These findings suggest that it is the act of sharing joyfulness (and not of just thinking about

When sharing a positive experience, it is important to select a helpful listener.

To sum up: by exchanging positive happenings, resulted in more joyfulness. Telling people about our joyous euphoria has far greater benefits than just remembering it or writing it down for ourselves. This study may also help clearly corroborate findings that have shown that our well-being influences others also,that of those around us, connected by three degrees of social networking . For going towards a long-term state of joyfulness, it's helping ourselves as well as others pursue not just for . In turn, we can help support others' joy by encouraging them to share their most positive happenings, and the things they feel grateful for. Supporting a friend or acquaintance's well-being in turn may impact not only ourselves but the well-being of all the people connected to winner. No wonder , joy has been defined a s a divine virtue because it expands and benefits ourselves as well as the entire circle of like-minded people as and when we share joy.

The abundance of joy, from an unending, limitless source, is truly amazing!

This studies may seem surprising because we are often reluctant to talk about our good fortune. We don't want to show off. Sometimes we don't want to attract bad luck to ourselves. Or we may feel guilty that good things are happening to us in the face of the suffering that exists in other people's lives. idle gossip and complaining, feeling negative or even gossip somehow feels more proper, practical and erroneously feasible. However, and colleague's studies suggests that describing our happy happenings to close friends and loved ones encourages and uplifts all concerned.

Many studies have shown that making daily lists of the things you feel grateful for—which helps draw our attention to the positive happenings in our lives—improves our psychological and physical health and well-being. For example, gratitude improves our ability to connect with others, boosts our compassionate nature make us optimistic and happier, decreases envy and materialism and even improves health for people with physical ailments (lung diseases disorders, in two patients). new study, however, extends studies on gratitude to show that verbally expressing the gratitude we feel to people close to us helps increase and sustain our well-being above and beyond simply feeling or writing down gratitude. Wisdom over the ages has recorded with conviction that joyousness expands through sharing.

Experts have found that people who often choose to relate with people they are close with about the good things that are happening to them also tend to feel happier and more satisfied with life. They also found that, the more these people shared their joyfulness with someone on a given day, the happier and more satisfied they were on that day Its been determined that sharing joyfulness caused re-resurgence well-being,health and vitality experience with their companion or who shared a neutral experience with their companion. These findings suggest that it is the act of sharing joyfulness (and not of just thinking about joyfulness but not sharing it, or of sharing neutral information) that boosts well-being.

Those who shared their grateful happenings with their companion reported greater satisfaction with life, joyfulness and vitality (level of energy and stamina).

When sharing a positive experience, it is important to select a helpful listener.

To sum up: sharing our joy increases joy. Telling people about our joyfulness has far greater benefits than just remembering it or writing it down for ourselves. This studies may also help partly explain studies by Rick Masters/ Ronald Simmons

Being enthused with joy within , by increasing its flow to radiate outwards and around to other people, we can positively enhance the lives of people who are inter-linked up to three degrees of connections away from us, thus reaching a wide circle of extended family, relatives and friends within several social circles and unto communities at large and located nearby or in other cities as well. All those affected can in turn, can help support each others, setting up a reciprocal supporting others' energies resulting in a multitude of people strengthening their healthy, happy living. awareness of healthy, happy living. Supporting a friend or acquaintance's well-being in turn may impact not only ourselves but the well-

Positive happenings occur every day, yet we don't always appreciate , recognize them and be grateful to the Universe. Most of us have so much to be thankful about and proud of, starting with an intact mind and body, food, water, sunlight, shelter and people close to us-with many more tangibles and intangibles, yet a rude remark from a stranger or our missing a preferred parking spot makes us highlight the negative over so many positive blessings. ? A study by Tom Harris and Pat Clooney suggest that we have multiple times more positive happenings than negative. What keeps us from openly realizing and appreciating on all the good in our lives, which is focusing on being happy instead of being stressed? experts have explained this oddity that keep us from experiencing, extending, and expanding our joy: the bitterness opinions and reconfirmation.; namely The bitterness opinions refers to our mind's innate tendency to give more weight to the negative; Adam Miller had found that we tend to remember and focus more on negative happenings. reconfirmation, discussed in studies on the evil merry go around, refers to the fact that while we receive boosts of joyfulness from new positive happenings, over time, we get used to these happenings and they no longer have the same effect.

How can we counter this tendency to assign greater weight to the negative happenings in our life? A recent study by Sheila Cole and team-at a renowned university provides a clear explanation. Their study shows that discussing positive happenings leads to heightened well-being, increased overall life satisfaction and even more energy.

This studies may seem surprising because we are often reluctant to talk about our good fortune. We don't want to show off. Sometimes by rejoicing about favorable events and good things that we have we don't want to attract bad luck to ourselves.. Or we possibly feel guilty that good things are happening to us in the face of the suffering in other people's lives; idle gossip and complaining, feeling negative or even wasting time and resources somehow feels like an appropriate, grounded escape, although erroneously . However,Ms. Cole and team's research suggests that describing our happy happenings to close friends and romantic companions is an important,helpful attitude for health and happiness.

## CHAPTER SEVEN

Within us is a whole universe of possibilities. TheUnified Field is the vastness of the common basic energy of the cosmos , an unending space of all traits, of unity, joy, positivist and neutrality. the unified field is the matrix or fabric of space time It is the essence of the entire spirit. There is no differentiation between consciousness and matter. As discovered by Pluto 2.500 years back and proven as the new version of reality recently consciousness and matter-they are both essentially intertwined and connected. which does not have dimensions of space and time but has the propensity to unify magnificent chemical and biological universe within each of us and connect us with the entire planetary universe. Infinite possibilities exist and freely circulate within the unified field. At the level of atoms and cells , we are constantly evolving and growing and the ideal state of being is to evolve and grow along in synchrization with infinite intelligence. everything. To connect with such infinite resources, we have to reach within, transcend to the core of our being instead of looking out for shooting stars at night to make wishes and hope that such wishes come true. The basic underlying force of the universe is a spiritual energy field of universal love, within which gravitational and electromagnetic fields, the strong and weak forces in the atom, and all other forces of nature, including time and space, are merely conditions of state. Within this spiritual realm of love, and near-death experiences are also conditions of state. The principal property of this field of love is its propensity to unite, complete and fulfill all living beings within a constantly evolving loving plan. This field of love is the absolute constant of the universe in that within it, time and space do not exist. Thus, we are instantly joined with the past, present and future of a universe which is in the process of uniting, completing and fulfilling itself.

The consciousness of the participant is the determining factor in being able to perceive the Unified Field, and the depth of one's sensory experience is what determines this consciousness. In that regard, our most profound sensory experience is the total surrender to what is deepest within ourselves, that is, the surrender to love and a joyful state of spirit consciousness - which is the awareness of an evolving loving plan and the taking of responsibility for one's function within that plan. The Unified Field is therefore a state of spirit consciousness. The blockage, which which may come in the way is ego consciousness. Get past the ego consciousness and get connected to the unified field.

….. loved for oneself and being seemingly separated from our original state of spirit consciousness and the Unified Field is of such deep spiritual proportions that, early in childhood, processes are triggered in the hypothalamus which result in a left brain imbalance and dominance as well as the denial, mistrust and forgetting of our connection to the Unified Field and the love and joy and a state of spirit consciousness deepest that the ego and ego consciousness is born - for survival and protection purposes only. death or

Think of the ego as a protective cocoon that is eventually meant to be shed. The Unified Field can be visualized as an unending lattice of electromagnetic energy coordinating all living beings within its energy field of co-existence, balance, harmony, love, joy, peace and goodness - encompassing lattice or fabric "The continuityof all goodness, joy and beauty lives within us all.

.

ABOUT THE AUTHOR

175

Positive Thinking Mentor&Author Gautam Sharma(gautamsharma.contact@gmail.com)-an intelligent, accomplished, capable,creative professional was born in India, has lived in Asia, Europe, Africa and now living in USA embodies and edifies positive thinking, power of optimism and is sharing insights into human behavior and human potential through philosophical, psychological perspectives with the view of sharing mankind's centuries-old wisdom plus proven, research findings so as to empower people worldwide. The author plans to utilize his strengths of professionalism,wide,varied experiences , creativity and communications' skills to publish the Empowerment Series on improvement, self help topics. Thank you valued readers for your continuous support , contributions and your favorable feedback. Wishing everybody abundance of positive thinking and better living through the power of optimism.

## OTHER BOOKS BY THE AUTHOR

https://www.amazon.com/POSITIVE-THINKING-OPTIMISM-Original-English-ebook/dp/B01HRY684S/ref=asap_bc?ie=UTF8

also

https://www.amazon.com/SELF-CONFIDENCE-ESTEEM-HAPPINESS-SUCCESS-ebook/dp/B076VM1MNR/ref=tmm_kin_swatch_0?_encoding=UTF8&qid=&sr=

and

https://www.amazon.com/JOY-forHEALTHY-HAPPY-LIVING-Empowerment-ebook/dp/B078L6Y1YM/ref=sr_1_5?s=digital-text&ie=UTF8&qid=1515281796&sr=1-5

Discover your full potential: The Universe within

Gautam Sharma

(Dedicated to valued readers, especially those who wrote positive reviews)

www.ingramcontent.com/pod-product-compliance
Lightning Source LLC
Chambersburg PA
CBHW060049260726
48658CB00004B/1240